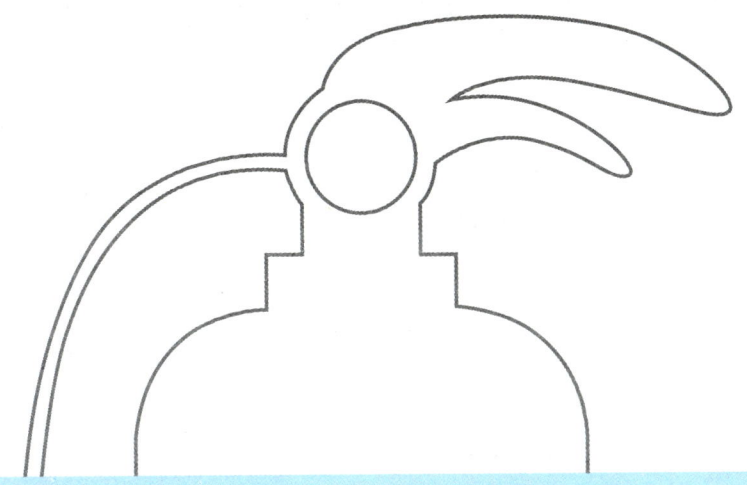

现代员工防灾避险应急与防范

本书编写组 ◎ 编著

深度剖析事故成因，切实提供防范技巧，采取有效应对措施，从实操层面着手让隐患无所遁形！

地震、海啸、台风、洪水、泥石流……概率虽小，损失重大。
触电、火灾、踩踏、溺水、食物中毒……事故频发，防不胜防。

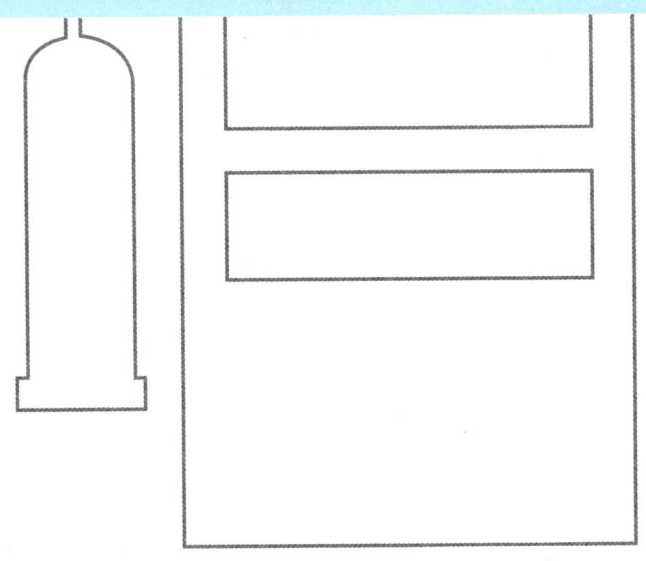

人民日报出版社

图书在版编目（CIP）数据

现代员工防灾避险应急与防范/《现代员工防灾避险应急与防范》编写组编著. --北京：人民日报出版社，2018.2
ISBN 978-7-5115-5217-4

Ⅰ.①现… Ⅱ.①现… Ⅲ.①防灾－基本知识②自救互救－基本知识 Ⅳ.①X4②R459.7

中国版本图书馆CIP数据核字（2018）第002627号

书　　名：	现代员工防灾避险应急与防范
作　　者：	《现代员工防灾避险应急与防范》编写组
出 版 人：	董　伟
责任编辑：	刘天一
封面设计：	陈国风

出版发行：人民日报出版社

地　　址：北京金台西路2号
邮政编码：100733
发行热线：（010）65369527　65369846　65369509　65369510
邮购热线：（010）65369530　65363527
编辑热线：（010）65369844
网　　址：www.peopledailypress.com

经　　销：新华书店
印　　刷：北京德富泰印务有限公司

开　　本：710mm×1000mm　　1/16
字　　数：178千字
印　　张：13.5
印　　次：2018年5月第1版　2018年5月第1次印刷

书　　号：ISBN 978-7-5115-5217-4
定　　价：45.80元

前言

常言说"天有不测之风云，人有旦夕之祸福"，天灾人祸常常与我们相伴随行，各种各样的自然灾害、人为祸患，无法预测的风云突变、飞来祸端，让我们的生活时常处于危险之中。我国一直以来就是世界上遭受自然灾害最严重的国家之一，灾害种类多，频度高，危害严重，伤亡巨大。比如地震，只需要短短的十几秒的时间，就可以将一座城市变成废墟，将无数的生灵毁灭殆尽。2008年5月12日，特大地震席卷了中国平均地势最低的四川盆地，转瞬之间，山川崩裂、破碎、滑落，城市陷落，无数的房屋瞬间垮塌，近7万个生灵瞬间凋落。地震的冲击波如放射线一般向四周扩散，受灾面积达到10万平方公里。每一次强烈地震都会为人类带来一次灭顶之灾，每一次强震都会有触目惊心的伤亡和数不清的血泪……2004年12月印度尼西亚地震引发海啸，眨眼间接近30万人死亡；而2010年1月发生在海地的地震则刹那间夺去22万多人的生命……

除了地震、海啸，生活中的危险更是无处不在。火灾、车祸、抢劫、谋杀、落水、坠楼……甚至生活中那些任何看似微不足道、不值一提的小事，都会给我们带来不可挽回的后果。比如鸡蛋在微波炉中变炸弹；家中金鱼缸使阳光聚焦到窗帘上导致着火；楼上扔烟头，楼下发生火灾；广告牌倒下伤着路人，脚下一滑却摔断腿脚……喝水、走路、看电视、聊天这样的小事，都有可能会让我们置身于危险之中，遭受无妄之灾，失去生命、健康和幸福！

生命如此珍贵，安全如此重要，如果没有防灾避险的意识，缺少防灾避险的能力，在这个危险重重的世界中生活，生命何以自保？安全何以保障？

防灾减灾、避险免祸，已经成为社会的共识，国家也于2009年5月12日设立了"防灾减灾日"，以唤醒全民的防灾避险意识，倡导全民学习防灾减灾常识，推动全民掌握防灾避险技巧和方法，做到"无灾无险时能提高警惕、注重预防；有灾有险时能从容处置、自救逃生"，从而最大限度地避开危险，躲避灾害，减少危险，降低损失。

对于员工来说，防灾避险、保障安全，更是职责所在、使命所在。防灾减灾，就要从我做起，从身边做起，从岗位做起。因为安全不仅仅是自己的需要，更是企业发展的需要、社会和谐的需要、国家安宁的需要。每一个员工都要有对自己负责、对企业负责、对社会负责的态度，居安思危，防灾避险，警惕各种灾害危险，了解各类灾祸特征，学会防灾避险知识，保证自己在工作中、生活中都有高度的防灾意识和避险能力，在保证自己安全的同时，也能救助他人，为全社会的防灾减灾献一份力。

居安当思危，有思则有备，有备则无患。平时多下功夫，险时少受损失。为使广大员工能够更加系统而全面地了解防灾避险知识，掌握防灾避险技能，我们编写了本书。本书全面、深入地讲解了各种灾害和危险的避险方法与防灾技巧，详细介绍了员工日常防灾避险的基本逃生和急救技巧。对防灾避险意识、自救逃生知识、现场急救基本技能、各种自然灾害、突发性紧急事故，以及员工岗位避险急救知识和技能作介绍。并针对地震、火山、飓风、洪水、雷电、冰雪，以及各种突发性的道路交通事故、触电事故、急性中毒、核化事故、恐怖袭击、火灾事故、野外遇险的现场急救方法和技能作了专门阐述。书中还配有相应的插图，以更好地帮助广大员工认知和理解防灾避险技巧。真心希望本书能对广大员工有所帮助。

当然，由于作者水平所限，书中难免会有一些错漏之处，敬望读者指正。

目录

第一章 危险无处不在，提高警惕防范灾难

俗话说"人在家中坐，祸从天上落"，危险和灾祸总是无处不在，无时不有。提高防范意识，时刻保持警惕，无疑是保障安全的重要途径。

1. 天灾人祸，生活处处有危险·002
2. 增强防范意识，适当储备应急用品·005
3. 提高警惕，时刻做好防灾避险准备·006
4. 学习安全常识，认识安全标志·009
5. 关注灾害预警级别信号，了解防灾措施·018
6. 牢记重要电话，遇险及时求助·031
7. 加强应急演练，掌握逃生常识·035
8. 重视心理调适，面对灾祸要有正确的心态·037

第二章 防范自然灾害，遇灾避险及时逃生

防灾避险，天灾无疑是重中之重。地震、火山、洪水、飓风、暴雪、高温、雷击、海啸……这些自然灾害危害巨大又防不胜防，需要我们提高警惕，学会防范，及时避险，自救逃生。所以学会防灾避险方法，掌

握遇险逃生技巧，尤为重要。

1. 地震的紧急避险方法和自救处置措施 · 042
2. 海啸和火山喷发时的自救和逃生 · 049
3. 台风飓风龙卷风，多听预报提前防范 · 052
4. 洪水避险，更需防范滑坡和泥石流 · 056
5. 暴风雪成灾，防范雪崩、雪盲 · 060
6. 沙尘暴和雾霾天，做好防护最重要 · 063
7. 干旱、高温、寒潮，解旱情防中暑防冻伤 · 067
8. 大雾、冰雹和雷暴天，及早做好预防 · 070

第三章 重视消防安全，掌握火场逃生方法和技巧

除了自然灾害，火灾事故是对安全最大的威胁之一。俗话说"水火无情"，火灾事故极易造成人员伤亡和财产损失，因而必须重视做好消防安全防范工作，并掌握火场逃生技巧，关键时刻逃生自救，保全生命。

1. 火灾无情，事故发生一切成空 · 076
2. 重视防火防灾，合理安放灭火器 · 078
3. 发现火情迅速报警，及时扑救 · 080
4. 火灾扩大，及时安全疏散 · 083
5. 在家中被火围困时的逃生方法 · 085
6. 公共场所发生火灾时的逃生方法 · 088
7. 工厂、森林、隧道火灾的逃生方法 · 092
8. 火灾现场伤员的处置原则和技巧 · 094

第四章　守住岗位安全，及时消除隐患

安全工作涵盖生产、生活和工作的每一个领域、每一个环节、每一个时刻。岗位安全更是员工防灾避险、保障安全的重中之重。每一个员工都必须严格做到遵章守纪、规范操作、及时消除岗位安全隐患、全面防范安全事故发生，以确保岗位安全，避开危险。

1. 杜绝违章，防范违章事故发生·098
2. 办公或出差，也要安全第一·100
3. 辨识工作中的重大危险源，消除重大危险隐患·102
4. 及时消除人的不安全行为·105
5. 全面清除物的不安全状态·108
6. 掌握事故预防方法，预防作业事故发生·110

第五章　保障日常安全，防灾避险24小时无死角

安全工作无小事，安全防护无空档。防灾避险从来就没有可以松懈的时候，必须360°无死角、24小时不间断才行。不管上班还是下班，不管八小时之内还是八小时之外，不管工作还是生活，都要提高警惕，时时防范，才能把危险和灾祸挡在安全线以外。

1. 做好家庭消防工作，防范家庭火灾·120
2. 警惕家庭财产安全，小心防盗·124
3. 关注食品卫生，防范食物中毒·126
4. 警惕燃气中毒，掌握自救方法·127
5. 重视用电安全，学会触电救援·129
6. 做好老人、儿童的日常安全防护，减少意外伤害·133

7. 备好家庭急救包，危急时刻保护自己救助家人·135

8. 防抢防骗防车祸，保证外出安全·136

9. 野外安全防护，做好预防学会求助·142

10. 溺水救援，先要做好自我防护·146

11. 重视环境污染，采取措施减少危害·149

12. 警惕致命传染病，尽早做好预防·152

第六章 遭遇突发事故，及时自救互救提高生存概率

突发事故，恰如飞来横祸，避险关键在于如何自救互救，及时逃生，赢得生存机会，最大限度地减少伤害。因而平常要多掌握一些突发事故的紧急处置和自救措施，以保危急时刻平安渡险。

1. 发生交通事故，紧急自救和互救·158

2. 突发爆炸事故，防范受伤和中毒·160

3. 突发危险化学品泄漏事故，做好防护等待救援·161

4. 突发恐怖袭击，保持冷静机智逃生·163

5. 突发水上安全事故，掌握方法科学求生·165

6. 飞机、火车事故的自救和互救·169

7. 突发紧急核事故，听从指挥科学防灾·171

8. 学习防身技巧，被抢劫绑架或伤害时的紧急自救·173

9. 紧急救援人员的自我防护与注意事项·177

第七章 现场应急处置，力争把危险和损失降到最小

灾祸已经发生，危险似乎已经无法避免。然而只要学会正确的应急处置方法，即便身处灾祸现场，也可以最大限度地减轻灾害危险和损害，

把灾祸损失减到最小。

1. 井下事故应急处置·*184*
2. 中毒窒息事故的自救和互救·*189*
3. 机械伤害事故的现场处置·*191*
4. 物体打击事故的现场处置·*192*
5. 起重伤害事故的预防和现场处置·*193*
6. 高处坠落事故的紧急处置·*195*
7. 燃气泄漏的紧急处置·*196*

安全格言警句

第一章

危险无处不在,提高警惕防范灾难

俗话说"人在家中坐,祸从天上落",危险和灾祸总是无处不在,无时不有。提高防范意识,时刻保持警惕,无疑是保障安全的重要途径。

1. 天灾人祸，生活处处有危险

人人都渴求安全，但安全其实很不容易，反倒是危险无处不在，无时不有。各种各样的天灾人祸，各种各样的险情伤害，从人类诞生在这个星球开始，似乎从来就没有减少过。既有山崩地裂、防不胜防的自然灾难，也有战争、污染等五花八门的人为伤害，更有层出不穷、稀奇古怪的各种疾病，人类几乎时时刻刻都处于危险之中。

火山、飓风、地震、大洪水、泥石流、雪灾、冰灾、瘟疫、火灾、污染、车祸、疾病……任何一种，都足以给人类带来重大破坏和致命伤害。就拿地震来说，从古至今，它就是最可怕的天灾之一，而且一直不断。仅在21世纪的这几年中，就已经发生过包括智利、印度尼西亚、新西兰、我国汶川、玉树及日本宫城等一系列强烈地震，给人类造成了重大的灾难和损失。

2008年发生的汶川大地震，8.0级的强震，重创约50万平方公里的中国大地，受灾人数超过5000万人。灾害致69227人遇难，17923人失踪，374643人受伤。造成直接经济损失8452.15亿元人民币。这是新中国成立以来破坏性最强、波及范围最大的一次地震。

在国外，地震同样是破坏力最大、致伤亡人数最多的灾害之一。2010年1月海地发生7.3级地震，19.6万人受伤，遇难人数更是达到了22万多人。2011年3月日本东北部宫城县附近海域发生9.0级强震,并引发20米高的大海啸,造成日本巨大的人员和财产损失。确认造成11232人死亡、16361人失踪,2775人受伤。几十万人无家可归,经济损失在5000亿美元以上。最可怕的是,强烈地震损坏了日本福岛的核电站,致使发生了严重的核泄漏事故,附近海域核辐射已经超过预警的一万倍,方圆30公里内的人员全部疏散,核放射物质已经扩散到世界各地,我国大部分地区都能检测到核发放射物质。事故影响已经和1986年的切尔诺贝利核泄漏事故一样达到了最严重的七级,其对以后的影响甚至还会远远超过切尔诺贝利事故。

除了重大自然灾害和人为灾害带来的巨大危险,日常生活中还有更多各种各样、层出不穷的大灾小难,防不胜防,随时都会给我们带来意外伤害。如火灾事故、煤矿事故、航空事故、交通事故、工伤事故、抢劫盗窃事故、打架斗殴事故以及中毒、触电、溺水、摔倒……甚至一些想都想不到的突发性事故,都会带来意外伤害。

美国《纽约每日新闻》2013年8月1日曾报道,美国一名叫詹妮弗的女子在自家阳台上与男友首次约会时,阳台护栏突然坍塌,导致她从17层坠楼,当场身亡。她的男友吓得目瞪口呆,随即乘电梯下楼,看到地面上女友血肉模糊的尸体,情绪瞬间失控。

同样在2013年,巴西东南部米纳斯吉拉斯州卡拉廷加镇,一名45岁的男子若昂·马里亚·德苏扎在熟睡中被一头从天而降的牛砸穿房顶后击中身子,送至医院后不治身亡。

2010年6月,美国田纳西州诺克斯维尔市30岁男子理查德·巴特勒和25岁女友贝莎妮·洛特到北卡罗来纳山区远足,他计划给女友一个惊喜，那就是等他们爬到山顶后，他将掏出一枚戒指向贝莎妮正式求婚。可是理查德做梦也没想到的是，他的浪漫求婚计划竟会变成一场悲剧。当他们到达山顶时，天空突然暴雨倾盆、雷电大作，最后一道闪电竟不偏不倚击中他俩，贝莎妮甚至还没来得及听到他开口求婚，就被闪电"闪电般"地夺走了性命。而理查德也遭遇了三级烧伤，悲痛欲绝的他怎样都无法接受女友在他即将求婚时被闪电夺去生命。

这样的意外事故，谁能预想得到呢？但这些偏偏就发生了，而且导致不可挽回的灾祸。

还有生活中一些看似微小的、不经意的事，一些司空见惯、习以为常的事，一些根本不被人注意的细节，同样危险重重。比如鸡蛋在微波炉中变炸弹；家庭中的金鱼缸使阳光聚焦到窗帘上导致着火；楼上扔烟头让楼下发生火灾；广告牌倒下伤着路人，甚至楼上人跳楼自杀却砸死楼下走路人的事例也不在少数……即便如喝水这样的小事，也一样可能会致人死亡。这可不是危言耸听，而是真有其事。2007美国加利福尼亚州一名女子参加喝水比赛后就因为"水中毒"而死亡。人大量饮水而未适当补充盐分时，血液渗透压降低，水渗入细胞致使细胞水肿，就会导致"水中毒"。一旦脑细胞水肿，颅内压力升高，会出现头痛、恶心或心跳异常等症状，严重者会昏迷、抽搐甚至死亡。

其实，危险和灾祸岂止这些？吃饭、睡觉、走路、说话、聊天、坐车、逛街、洗澡、看电视，甚至剪指甲……这些再平常不过的生活习惯和生活小事，其中都可能会有致命的危险。吃饭噎着、走路摔着、喝水撑着、聊天气着，坐车出车祸、逛街被人打、洗澡被烫伤、看电视情绪激动直接心梗离世……这样的事情每天都在不断地发生，绝不是什么稀罕事，更不是什么不可能的事。《扬子晚报》就报道过一起老人吃荔枝被噎死的悲剧。南京一位孝顺儿子为了孝敬老爸,就买了几斤荔枝送去,想不到竟将老爷子给噎死了。

危险无处不在,无时不有。如果没有对危险的深刻认识,时时刻刻都有一种危险意识,就不会有高度防范意识,那就必然会让危险出来作祟,危害我们的安全。

2. 增强防范意识,适当储备应急用品

危险无处不在,无时不有。想要安全,就务必要增强防范意识,避开灾祸,才能拥抱安全。这就需要我们保持高度的防灾避险意识,时刻做好避险准备。对于普通员工及家庭来说,平时准备好灾难应急物资和物品,以备紧急时刻使用,对于防灾避险意义重大。

这些应急物品包括:应急食品、应急卫生用品、自救工具、求救工具、其他物品等几类应急物资。应急食品包括高能量,高营养的可以保存4年的军用食品。如单兵自热食品、军用能量棒、压缩食品(如压缩干粮)、军用罐头、军用巧克力、可以保存三年的小分子救生水,能有效地为机体利用,延缓人体对水的需求。普通食物也可以,基本要求是可以补充能量,但普通食物需要注意保质期,记得随时更新替换。这些食品可以保证在灾害发生时,不至于挨饿,并且可以保持体能。

自救工具包括逃生、救援的工具。如火灾发生初期,火势并不大的时候我们可以使用环保型轻水灭火器、防火毯等产品快速灭火。防烟逃生面罩也可以帮助我们逃出火区。其他灾害发生时,保温毯可以使我们保持体

温，抵御寒冷，关键时刻也可以当作雨衣使用。承重达几百公斤的发光蓄光逃生绳、防磨手套、可刨可挖的救生锹，都能帮助我们快速逃出危险场所。打火机及防风防水的火柴、蜡烛，关键时刻能给我们光亮和热量，也能给我们信心。

求救工具，是指发出光和声音的应急物资，包括声音可以传出大约几百米远的3000赫兹口哨、含有报警及收音机功能的手电筒，都可以发出光亮或声音等求救信息。

应急物品还包括个人信息卡、急救手册等。个人安全信息卡上应当记录自己的家庭地址电话，就医时需要注意的事项及血型、过敏信息等，将给抢救伤员赢得宝贵时间。

此外，如果家中有特殊需要的话，还应额外准备一些物品，如为婴幼儿准备足够三天使用的奶粉、奶瓶、奶嘴、尿布及婴儿车、毯子等；为老人准备一副备用眼镜和足够的药品；若有行动不便者，要带上拐杖、轮椅等辅助工具，并为他准备哨子或其他求救时可以使用的东西。

3. 提高警惕，时刻做好防灾避险准备

灾难无情，只有提高防灾避险意识，提高警惕，保持高度警觉，时刻做好防灾避险准备，才能保证员工的工作和生活安全。

但是，就目前来看，广大员工防灾避险意识仍然比较薄弱。普通公民都缺乏防灾避险意识和逃生自救能力，即使是企业员工，也有很多员工只注重了工作上的安全，却没有在意生活中的安全防范。一些企业也麻痹大

意,只注重生产,不注意安全,经营场所与居住场所混在一起,导致了很多灾难的发生。如2017年11月18日发生在北京大兴区新建二村的火灾就是典型例子。

2017年11月18日晚18时15分,北京市119指挥中心接到报警,大兴区新建二村新康东路8号发生火灾。经全力施救,共营救搜救出被困人员73人,其中19人遇难,8人受伤。受伤人员被迅速送往医院进行救治。起火的直接原因是地下冷库电气失火。但深层次的原因还是大家安全意识差、防灾避险警觉性低,没有把这种经营场所与居住、仓储场所不分开的危险情况重视起来,最终导致了灾难降临,伤亡惨重。

在我们身边,各类灾害风险时刻存在,不把安全的弦绷紧,不时时刻刻把防灾避险的念头放在心里,就会受到伤害,各种各样的灾祸事故就会不请自来。特别是像火灾、车祸这样的常见事故,更是伤人无数。

以火灾为例。根据公安部消防局官方微信公众号消息,2016年,全国共接报火灾31.2万起,1582人遇难,1065人受伤,直接财产损失37.2亿元,其中,较大火灾64起。

统计表明,住宅火灾伤亡最多,厂房、仓储等场所损失较大。从人员伤亡分布看,住宅火灾亡1269人、伤713人,分别占火灾总量的80.2%和67%;人员密集场所火灾亡107人、伤134人,分别占6.8%和12.5%;厂房火灾亡41人、伤55人,分别占2.6%和5.2%;交通工具火灾亡17人、伤30人,分别占1.1%和2.8%;仓储场所火灾亡12人、伤22人,分别占0.8%和2.1%。

从损失分布看,住宅火灾直接财产损失7.5亿元,占损失总额的20.1%；厂房火灾损失7亿余元，占18.9%；仓储场所火灾损失近6亿元，占16%；交通工具火灾损失5.8亿元，占15.6%；人员密集场所火灾损失5.2亿元，占14%；特别是仓储场所火灾起均损失达到10.2万元，厂房火灾起均损失6.6万元，远超住宅火灾的起均损失5960元。

从引发火灾的直接原因看，因违反电气安装使用规定等引发的火灾占总量的30.4%，因用火不慎引发的占17.5%，吸烟引发的占5.2%。从较大火灾的起火原因看，电气29起，放火11起，用火不慎7起，吸烟2起，玩火、生产作业、原因不明确各起1起，其他原因6起，在查6起。

用火不慎，说白了就是警惕性不高，没把用火不慎的危险性了解清楚，安全意识不足。所以，绷紧安全弦，加强防灾避险意识，非常重要。如果没有高度的防灾避险意识，如果不能时时刻刻绷紧安全这根弦，如果对迎面而来的危险没有清楚的了解、认识，那我们就会落入危险的境地，不可能得到安全，同时面对巨大的危险和损失。拿交通来说，挤不下还要挤，载不动仍要载的现象司空见惯。而这些正是危险之源，灾难之因。

灾害并不是最可怕的，防灾避险意识不强、自救自护知识不多才真正可怕。所以，提高防灾避险的安全意识，学习掌握必要的防灾避险知识，对于保障安全，至关重要。

作为一个现代员工，不仅要意识到无处不在的危险，了解无处不在的危险，更要有一种紧迫的防灾避险意识，时时刻刻把安全记在心中，把防灾避险放在心上，既要在大灾大难来临时做好防范和避灾的准备，更要对日常生活安全高度警惕，这样才能真正保证我们的安全。

4. 学习安全常识，认识安全标志

基本的安全常识是灾难中逃生自救的基础，只有会"安全"，危急的时候才能逃出生天。但在现实中由于防灾避险意识不强，大多数人懒得主动去学习安全知识，以至于在灾难面前常常束手无策，既难以在灾前做好预防，也很不容易在灾难来临时保持冷静和理智，科学地逃生。

安全常识内容很多，包括生产安全、经营安全、日常生活安全、安全防范、逃生自救、灾难救援等多个方面，我们这里只讲最基本的、最浅显也是最应了解和掌握的防灾知识，包括安全标志和预警级别知识。

安全标志通常是指安全标志和安全标签。根据国家标准《安全标志》规定：安全标志是由安全色、几何图形和形象的图形符号构成，用以表达特定的安全信息。是一种国际通用的信息，不同国籍、不同民族、不同文化程度的人都容易理解。安全标志主要有以下几类：

（1）生产安全标志

我国安全标识所用的几何图形有圆形、三角形和长方形，与国际标准草案所规定的几何图形基本一致。

安全标志分为禁止标志、警告标志、指令标志和提示标志四类，还有补充标志。

①禁止标志。含义是不准或制止人们的某些行动。其基本形式为带斜杠的圆形框。圆形和斜杠为红色，圆形符号为黑色，衬底为白色。圆形是不可分离的象征，在同样的面积下，圆形中画的图像显得大而且清楚。禁

止标志图形共40个。现列举部分标志图形,见图1-1~图1-23。

图1-1 禁止吸烟

图1-2 禁止烟火

图1-3 禁止带火种

图1-4 禁止用水灭火

图1-5 禁止放易燃物

图1-6 禁止启动

图1-7 禁止合闸

图1-8 禁止转动

图1-9 禁止触摸

图1-10 禁止跨越

图1-11 禁止攀登

图1-12 禁止跳下

图1-13 禁止入内

图1-14 禁止停留

图1-15 禁止通行

图1-16 禁止靠近

图1-17 禁止乘人

图1-18 禁止堆放

图1-19 禁止抛物

图1-20 禁止戴手套

图1-21 禁止穿化纤衣服

图1-22 禁止穿带钉鞋

图1-23 禁止饮用

②警告标志。含义是提醒人们对周围环境引起注意，以避免可能发生危险。其基本形式是正三角形边框。三角形边框及图形符号为黑色，衬底为黄色。三角形本身有着尖锐激烈的特点，容易引人注目。即使光线不佳时也比圆形清楚。国际标准草案中也把三角形作为警告标志的几何图形。警告标志图形共39个，现列举部分标志图形，如图1-24~图1-51所示。

图1-24 注意安全

图1-25 当心火灾

图1-26 当心爆炸

图1-27 当心腐蚀

图1-28 当心中毒

图1-29 当心感染

图1-30 注意触电

图1-31 当心电缆

图1-32 当心机械伤人

图1-33 注意伤手

图1-34 当心扎脚

图1-35 当心吊物

图1-36 注意坠落

图1-37 当心落物

图1-38 当心坑洞

图1-39 注意烫伤

图1-40 当心弧光

图1-41 当心塌方

图1-42 注意冒顶　　　图1-43 当心瓦斯　　　图1-44 当心电离辐射

图1-45 当心裂变物质　　图1-46 当心激光　　　图1-47 当心微波

图1-48 当心车辆　　　图1-49 当心火车　　　图1-50 当心滑跌

图1-51 当心绊倒

③指令标志。含义是强制人们必须做出某种动作或采用防范措施。标有"指令标志"的地方,就是要求人们到达这个地方,必须遵守"指令标志"的规定。例如施工工地,工地附近有"必须戴安全帽"的指令标志,则必须将安全帽戴上,否则就是违反了施工工地的安全规定。其基本形式是圆形边框。图形符号为白色,衬底色为蓝色。指令标志图形共16个,现列举部分标志图形,如图1-52~图1-63所示。

图1-52　必须戴防护镜　　图1-53　必须戴防毒面具　　图1-54　必须戴防尘口罩

图1-55　必须戴护耳器　　图1-56　必须戴安全帽　　图1-57　必须戴防护帽

图1-58　必须戴防护手套　　图1-59　必须穿防护鞋　　图1-60　必须系安全带

图1-61　必须穿救生衣　　图1-62　必须穿防护服　　图1-63　必须加锁

④提示标志。含义是向人们提供某种信息（如标明安全设施或场所等）。一般提示标志是指安全通道和太平门的方向。如在有危险的生产车间，当发生事故时，要求操作人员迅速从安全通道撤离，这就需要在安全通道附近安设有指明安全通道方向的"提示标志"。其基本形式是正方形边框。图形符号为白色，衬底色为绿色、红色。长方形具有重量感和显著性。另外，提示标志也需要有足够的地方书写文字和画出箭头以提示必要

的信息，所以用长方形是适宜的。提示性标志图形共有8个，如紧急出口、可动火区、避险处等，图略。

⑤补充标志。有时候，为了对某一标志加以强调或防止误解而增设补充标志。补充标志就是在每个安全标志的下方标有文字，补充说明安全标志的含义。补充的文字可以横写，也可以竖写。一般挂牌的补充文字横写，用杆竖立在特定地点的补充标志，文字竖写在标志的立杆上。

安全标志应设在醒目的地方，人们看到后有足够的时间来注意它所表示的内容。不能设在门、窗、架子等可移动的物体上，因为这些物体位置移动后，安全标志就起不到作用了。

（2）消防安全标志

我国消防安全标志是由安全色、边框、以图像为主要特征的图形符号或文字构成的，表达与消防有关的安全信息，和说明建筑配备各种消防没备、设施，提醒人们消防安全行为，并引导人们在事故时采取合理正确行动的标志。消防标志不得随意挪为他用，责任部门应按月进行全面普查，保证各种标志的完好性，损坏的要更新。消防标志主要有以下这些：

①火灾报警和手动控制装置的标志（图1-64~图1-66）

图1-64 消防手动启动器　　图1-65 发声警报器　　图1-66 火警电话

②灭火设备的标志（图1-67~图1-73）

      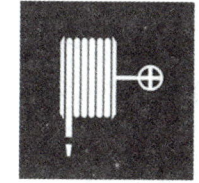

图1-67 灭火设备　　图1-68 灭火器　　图1-69 消防水带

图1-70 地下消火栓

图1-71 地上消火栓

图1-72 消防水泵接合器

图1-73 消防梯

③火灾时疏散途径的标志（图1-74~图1-82）

图1-74 紧急出口

图1-75 紧急出口

图1-76 滑动开门

图1-77 滑动开门

图1-78 推开

图1-79 拉开

图1-80 击碎面板

图1-81 禁止阻塞

图1-82 禁止锁闭

④具有火灾、爆炸危险的地方或物质的标志（图1-83～图1-91）

图1-83　当心火灾——　　图1-84　当心火灾——　　图1-85　当心爆炸——
　　　　易燃物质　　　　　　　　　氧化物　　　　　　　　　爆炸性物质

图1-86　禁止用水灭火　　　图1-87　禁止吸烟　　　图1-88　禁止烟火

图1-89　禁止放易燃物　　　图1-90　禁止带火种　　　图1-91　禁止燃放鞭炮

⑤方向辅助标志（图1-92～图1-95）

图1-92　疏散通道方向　　　　　　图1-93　疏散通道方向

图1-94　灭火设备或报警装置的方向　　图1-95　灭火设备或报警装置的方向

方向辅助标志一般会与有关标志联用，指示被联用标志所表示意义的方向。在标志远离指示物时，必须联用方向辅助标志。方向辅助标志的颜色一般与联用的图形标志的颜色统一。

⑥文字辅助标志。为特别指出，有时还会用到文字辅助标志。如"禁止吸烟"，将图形标志的名称用黑体字写出来加上适当的背底色即构成文字辅助标志。文字辅助标志应该与图形标志或（和）方向辅助标志联用，当图形标志与其指示物很近、表示意义很明显，人们很容易看懂时，文字辅助标志可以省略。

5. 关注灾害预警级别信号，了解防灾措施

除了要了解重要的安全标志外，对危险预警信号也要充分了解，以便在灾难前做好防范，减少伤害。灾害预警信号，是指各级气象主管机构所属的气象台站向社会公众发布的预警信息。预警信号由名称、图标、标准和防御指南组成，分为高温、道路结冰、霾、大雾、霜冻、冰雹、雷电、干旱、沙尘暴、大风、寒潮、暴雪、暴雨、台风等。预警信号的级别依据气象灾害可能造成的危害程度、紧急程度和发展态势一般划分为四级：Ⅳ级（一般）、Ⅲ级（较重）、Ⅱ级（严重）、Ⅰ级（特别严重），依次用蓝色、黄色、橙色和红色表示，同时以中英文标识。

（1）高温预警等级和防范措施

高温预警信号分三级，分别以黄色、橙色、红色表示。干旱地区的省级气象主管机构可以根据实际情况制定高温预警标准，报中国气象局预测

减灾司审批。

高温黄色预警信号：连续三天日最高气温将在35℃以上。防御要注意：有关部门和单位按照职责做好防暑降温准备工作；午后尽量减少户外活动；对老、弱、病、幼人群提供防暑降温指导；高温条件下作业和白天需要长时间进行户外露天作业的人员应当采取必要的防护措施。

高温橙色预警信号：24小时内最高气温将升至37℃以上。防御事项有：有关部门和单位按照职责落实防暑降温保障措施；尽量避免在高温时段进行户外活动，高温条件下作业的人员应当缩短连续工作时间；对老、弱、病、幼人群提供防暑降温指导，并采取必要的防护措施；有关部门和单位应当注意防范因用电量过高，以及电线、变压器等电力负载过大而引发的火灾。

高温红色预警信号：24小时内最高气温将升至40℃以上。这是最高级的危险信号。防御事项有：有关部门和单位按照职责采取防暑降温应急措施；停止户外露天作业（除特殊行业外）；对老、弱、病、幼人群采取保护措施；有关部门和单位要特别注意防火。

（2）寒潮预警等级和防范措施

寒潮预警信号分四级，分别以蓝色、黄色、橙色、红色表示。

寒潮蓝色预警信号：48小时内最低气温将要下降8℃以上，最低气温小于等于4℃，陆地平均风力可达5级以上；或者已经下降8℃以上，最低气温小于等于4℃，平均风力达5级以上，并可能持续。

防御指南：政府及有关部门按照职责做好防寒潮准备工作；民众注意添衣保暖；对热带作物、水产品采取一定的防护措施；做好防风准备工作。

寒潮黄色预警信号：24小时内最低气温将要下降10℃以上，最低气温小于等于4℃，陆地平均风力可达6级以上；或者已经下降10℃以上，最低气温小于等于4℃，平均风力达6级以上，并可能持续。

防御指南：政府及有关部门按照职责做好防寒潮工作；注意添衣保暖，照顾好老、弱、病人；对牲畜、家禽和热带、亚热带水果及有关水产品、农作物等采取防寒措施；做好防风工作。

寒潮橙色预警信号：24小时内最低气温将要下降12℃以上，最低气温小于等于0℃，陆地平均风力可达6级以上；或者已经下降12℃以上，最低气温小于等于0℃，平均风力达6级以上，并可能持续。

防御指南：政府及有关部门按照职责做好防寒潮应急工作；注意防寒保暖；农业、水产业、畜牧业等要积极采取防霜冻、冰冻等防寒措施，尽量减少损失；做好防风工作。

寒潮红色预警信号：24小时内最低气温将要下降16℃以上，最低气温小于等于0℃，陆地平均风力可达6级以上；或者已经下降16℃以上，最低气温小于等于0℃，平均风力达6级以上，并可能持续。

防御指南：政府及相关部门按照职责做好防寒潮的应急和抢险工作；注意防寒保暖；农业、水产业、畜牧业等要积极采取防霜冻、冰冻等防寒措施，尽量减少损失；做好防风工作。

(3) 暴雪预警等级信号和防范措施

暴雪预警信号分四级，分别以蓝色、黄色、橙色、红色表示。

暴雪蓝色预警信号：12小时内降雪量将达4毫米以上，或者已达4毫米以上且降雪持续，可能对交通或者农牧业有影响。

防御指南：政府及有关部门按照职责做好防雪灾和防冻害准备工作；交通、铁路、电力、通信等部门应当进行道路、铁路、线路巡查维护，做好道路清扫和积雪融化工作；行人注意防寒防滑，驾驶人员小心驾驶，车辆应当采取防滑措施；农牧区和种养殖业要储备饲料，做好防雪灾和防冻害准备；加固棚架等易被雪压的临时搭建物。

暴雪黄色预警信号：12小时内降雪量将达6毫米以上，或者已达6毫米以上且降雪持续，可能对交通或者农牧业有影响。

防御指南：政府及相关部门按照职责落实防雪灾和防冻害措施；交通、铁路、电力、通信等部门应当加强道路、铁路、线路巡查维护，做好道路清扫和积雪融化工作；行人注意防寒防滑，驾驶人员小心驾驶，车辆应当采取防滑措施；农牧区和种养殖业要备足饲料，做好防雪灾和防冻害准备；加固棚架等易被雪压的临时搭建物。

暴雪橙色预警信号：6小时内降雪量将达10毫米以上，或者已达10毫米以上且降雪持续，可能或者已经对交通或者农牧业有较大影响。

防御指南：政府及相关部门按照职责做好防雪灾和防冻害的应急工作；交通、铁路、电力、通信等部门应当加强道路、铁路、线路巡查维护，做好道路清扫和积雪融化工作；减少不必要的户外活动；加固棚架等易被雪压的临时搭建物，将户外牲畜赶入棚圈喂养。

暴雪红色预警信号：6小时内降雪量将达15毫米以上，或者已达15毫米以上且降雪持续，可能或者已经对交通或者农牧业有较大影响。

防御指南：政府及相关部门按照职责做好防雪灾和防冻害的应急和抢险工作；必要时停课、停业（除特殊行业外）；必要时飞机暂停起降，火车暂停运行，高速公路暂时封闭；做好牧区等救灾救济工作。

(4) 道路结冰预警信号和防险措施

道路结冰预警信号分三级，分别以黄色、橙色、红色表示。

道路结冰黄色预警信号：当路表温度低于0℃，出现降水，12小时内可能出现对交通有影响的道路结冰时，将发布道路结冰黄色预警。这时候交通、公安等部门要按照职责做好道路结冰应对准备工作；驾驶人员应当注意路况，安全行驶；行人外出尽量少骑自行车，注意防滑。

道路结冰橙色预警信号：当路表温度低于0℃，出现降水，6小时内可能出现对交通有较大影响的道路结冰。这时候交通、公安等部门要按照职责做好道路结冰应急工作；驾驶人员必须采取防滑措施，慢速行驶；行人出门注意防滑。

道路结冰红色预警信号：2小时内可能出现或者已经出现对交通有很大影响的道路结冰。此时交通、公安等部门做好道路结冰应急和抢险工作，注意指挥和疏导行驶车辆，必要时关闭结冰道路交通；人员尽量减少外出。

（5）霜冻预警等级

霜冻预警信号分三级，分别以蓝色、黄色、橙色表示。

霜冻蓝色预警信号：48小时内地面最低温度将要下降到0℃以下，对农业将产生影响，或者已经降到0℃以下，对农业已经产生影响，并可能持续。政府及农林主管部门按照职责做好防霜冻准备工作；对农作物、蔬菜、花卉、瓜果、林业育种要采取一定的防护措施；农村基层组织和农户要关注当地霜冻预警信息，以便采取措施加强防护。

霜冻黄色预警信号：24小时内地面最低温度将要下降到零下3℃以下，对农业将产生严重影响，或者已经降到零下3℃以下，对农业已经产生严重影响，并可能持续。政府及农林主管部门按照职责做好防霜冻应急工作；农村基层组织要广泛发动群众，防灾抗灾；对农作物、林业育种要积极采取田间灌溉等防霜冻、冰冻措施，尽量减少损失。

霜冻橙色预警信号：24小时内地面最低温度将要下降到零下5℃以下，对农业将产生严重影响，或者已经降到零下5℃以下，对农业已经产生严重影响，并将持续。政府及农林主管部门按照职责做好防霜冻应急工作；农村基层组织要广泛发动群众，防灾抗灾；对农作物、蔬菜、花卉、瓜果、林业育种要采取积极的应对措施，尽量减少损失。

（6）霾预警等级信号及防范

霾预警信号分为三级，以黄色、橙色和红色表示，分别对应预报等级用语的中度霾、重度霾和严重霾。

霾黄色预警信号：

预计未来24小时内可能出现下列条件之一并将持续或实况已达到下列

条件之一并可能持续。

①能见度小于 3000 米且相对湿度小于 80% 的霾。

②能见度小于 3000 米且相对湿度大于等于 80%，PM2.5 浓度大于 115 微克/立方米且小于等于 150 微克/立方米。

③能见度小于 5000 米，PM2.5 浓度大于 150 微克/立方米且小于等于 250 微克/立方米。

防御指南：

①空气质量明显降低，人员需适当防护。

②一般人群适量减少户外活动，儿童、老人及易感人群应减少外出。

霾橙色预警信号：

预计未来 24 小时内可能出现下列条件之一并将持续或实况已达到下列条件之一并可能持续。

①能见度小于 2000 米且相对湿度小于 80% 的霾。

②能见度小于 2000 米且相对湿度大于等于 80%，PM2.5 浓度大于 150 微克/立方米且小于等于 250 微克/立方米。

③能见度小于 5000 米，PM2.5 浓度大于 250 微克/立方米且小于等于 500 微克/立方米。

防御指南：

①空气质量差，人员需适当防护。

②一般人群减少户外活动，儿童、老人及易感人群应尽量避免外出。

霾红色预警信号：

预计未来 24 小时内可能出现下列条件之一并将持续或实况已达到下列条件之一并可能持续。

①能见度小于 1000 米且相对湿度小于 80% 的霾。

②能见度小于 1000 米且相对湿度大于等于 80%，PM2.5 浓度大于 250 微克/立方米且小于等于 500 微克/立方米。

③能见度小于5000米，PM2.5浓度大于500微克/立方米。

防御指南：

①政府及相关部门按照职责采取相应措施，控制污染物排放。

②空气质量很差，人员需加强防护。

③一般人群避免户外活动，儿童、老人及易感人群应当留在室内。

④机场、高速公路、轮渡码头等单位加强交通管理，保障安全。

⑤驾驶人员谨慎驾驶。

（7）大雾预警等级信号及防范

大雾预警信号分三级，分别以黄色、橙色、红色表示。

大雾黄色预警信号：12小时内可能出现能见度小于500米的雾，或者已经出现能见度小于500米、大于等于200米的雾并将持续。

防御指南：有关部门和单位按照职责做好防雾准备工作；机场、高速公路、轮渡码头等单位加强交通管理，保障安全；驾驶人员注意雾的变化，小心驾驶；户外活动注意安全。

大雾橙色预警信号：6小时内可能出现能见度小于200米的雾，或者已经出现能见度小于200米、大于等于50米的雾并将持续。

防御指南：有关部门和单位按照职责做好防雾工作；机场、高速公路、轮渡码头等单位加强调度指挥；驾驶人员必须严格控制车、船的行进速度；减少户外活动。

大雾红色预警信号：2小时内可能出现能见度小于50米的雾，或者已经出现能见度小于50米的雾并将持续。

防御指南：有关部门和单位按照职责做好防雾应急工作；有关单位按照行业规定适时采取交通安全管制措施，如机场暂停飞机起降，高速公路暂时封闭，轮渡暂时停航等；驾驶人员根据雾天行驶规定，采取雾天预防措施，根据环境条件采取合理行驶方式，并尽快寻找安全停放区域停靠；不要进行户外活动。

(8) 沙尘暴预警等级

沙尘暴预警信号分三级，分别以黄色、橙色、红色表示。

沙尘暴黄色预警信号：12小时内可能出现沙尘暴天气（能见度小于1000米），或者已经出现沙尘暴天气并可能持续。

防御指南：做好防沙尘暴工作；关好门窗，加固围板、棚架、广告牌等易被风吹动的搭建物，妥善安置易受大风影响的室外物品，遮盖建筑物资，做好精密仪器的密封工作；注意携带口罩、纱巾等防尘用品，以免沙尘对眼睛和呼吸道造成损伤；呼吸道疾病患者、对风沙较敏感人员不要到室外活动。

沙尘暴橙色预警信号：6小时内可能出现强沙尘暴天气（能见度小于500米），或者已经出现强沙尘暴天气并可能持续。

防御指南：政府及相关部门按照职责做好防沙尘暴应急工作；停止露天活动和高空、水上等户外危险作业；机场、铁路、高速公路等单位做好交通安全的防护措施，驾驶人员注意沙尘暴变化，小心驾驶；行人注意尽量少骑自行车，户外人员应当戴好口罩、纱巾等防尘用品，注意交通安全。

沙尘暴红色预警信号：6小时内可能出现特强沙尘暴天气（能见度小于50米），或者已经出现特强沙尘暴天气并可能持续。

防御指南：政府及相关部门按照职责做好防沙尘暴应急抢险工作；人员应当留在防风、防尘的地方，不要在户外活动；学校、幼儿园推迟上学或者放学，直至特强沙尘暴结束；飞机暂停起降，火车暂停运行，高速公路暂时封闭。

(9) 冰雹预警等级

冰雹预警信号分二级，分别以橙色、红色表示。

冰雹橙色预警信号：6小时内可能出现冰雹天气，并可能造成雹灾。

防御指南：政府及相关部门按照职责做好防冰雹的应急工作；气象部门做好人工防雹作业准备并择机进行作业；户外行人立即到安全的地方暂避；驱赶家禽、牲畜进入有顶篷的场所，妥善保护易受冰雹袭击的汽车等室外物品或者设备；注意防御冰雹天气伴随的雷电灾害。

冰雹红色预警信号：2小时内出现冰雹可能性极大，并可能造成重雹灾。

防御指南：政府及相关部门按照职责做好防冰雹的应急和抢险工作；气象部门适时开展人工防雹作业。户外行人应立即到安全的方地暂避，相关应急处置部门和抢险单位随时准备启动抢险应急方案。

（10）雷电预警等级

雷电预警信号分四级，分别以蓝色、黄色、橙色、红色表示。

雷电黄色预警信号：6小时内可能发生雷电活动，可能会造成雷电灾害事故。

防御指南：政府及相关部门按照职责做好防雷工作；密切关注天气，尽量避免户外活动。

雷电橙色预警信号：2小时内发生雷电活动的可能性很大，或者已经受雷电活动影响，且可能持续，出现雷电灾害事故的可能性比较大。

防御指南：政府及相关部门按照职责落实防雷应急措施；人员应当留在室内，并关好门窗；户外人员应当躲入有防雷设施的建筑物或者汽车内；切断危险电源，不要在树下、电杆下、塔吊下避雨；在空旷场地不要打伞，不要把农具、羽毛球拍、高尔夫球杆等扛在肩上。

雷电红色预警信号：2小时内发生雷电活动的可能性非常大，或者已经有强烈的雷电活动发生，且可能持续，出现雷电灾害事故的可能性非常大。

防御指南：政府及相关部门按照职责做好防雷应急抢险工作；人员应

当尽量躲入有防雷设施的建筑物或者汽车内,并关好门窗;切勿接触天线、水管、铁丝网、金属门窗、建筑物外墙,远离电线等带电设备和其他类似金属装置;尽量不要使用无防雷装置或者防雷装置不完备的电视、电话等电器;密切注意雷电预警信息的发布。

(11) 暴雨预警等级

暴雨预警信号分四级,分别以蓝色(广东省除外)、黄色、橙色、红色表示。

暴雨蓝色预警信号:12小时内降雨量将达50毫米以上,或者已达50毫米以上且降雨可能持续。

防御指南:政府及相关部门按照职责做好防暴雨准备工作;学校、幼儿园采取适当措施,保证学生和幼儿安全;驾驶人员应当注意道路积水和交通阻塞,确保安全;检查城市、农田、鱼塘排水系统,做好排涝准备。

暴雨黄色预警信号:6小时内降雨量将达50毫米以上,或者已达50毫米以上且降雨可能持续。

防御指南:政府及相关部门按照职责做好防暴雨工作;交通管理部门应当根据路况在强降雨路段采取交通管制措施,在积水路段实行交通引导;切断低洼地带有危险的室外电源,暂停在空旷地方的户外作业,转移危险地带人员和危房居民到安全场所避雨;检查城市、农田、鱼塘排水系统,采取必要的排涝措施。

暴雨橙色预警信号:3小时内降雨量将达50毫米以上,或者已达50毫米以上且降雨可能持续。

防御指南:政府及相关部门按照职责做好防暴雨应急工作;切断有危险的室外电源,暂停户外作业;处于危险地带的单位应当停课、停业,采取专门措施保护已到校学生、幼儿和其他上班人员的安全;做好城市、农田的排涝,注意防范可能引发的山洪、滑坡、泥石流等灾害。

暴雨红色预警信号:3小时内降雨量将达100毫米以上,或者已达到

100毫米以上且降雨可能持续。

防御指南：政府及相关部门按照职责做好防暴雨应急和抢险工作；停止集会、停课、停业（除特殊行业外）；做好山洪、滑坡、泥石流等灾害的防御和抢险工作。

（12）台风预警等级

台风预警信号分四级，分别以蓝色、黄色、橙色、红色表示。

台风蓝色预警信号：24小时内可能或者已经受热带气旋影响，沿海或者陆地平均风力达6级以上，或者阵风8级以上并可能持续。

防御指南：政府及相关部门按照职责做好防台风准备工作；停止露天集体活动和高空等户外危险作业；相关水域水上作业和过往船舶采取积极的应对措施，如回港避风或者绕道航行等；加固门窗、围板、棚架、广告牌等易被风吹动的搭建物，切断危险的室外电源。

台风黄色预警信号：24小时内可能或者已经受热带气旋影响，沿海或者陆地平均风力达8级以上，或者阵风10级以上并可能持续。

防御指南：政府及相关部门按照职责做好防台风应急准备工作；停止室内外大型集会和高空等户外危险作业，中小学生及幼儿园托儿所停课；相关水域水上作业和过往船舶采取积极的应对措施，加固港口设施，防止船舶走锚、搁浅和碰撞；加固或者拆除易被风吹动的搭建物，人员切勿随意外出，确保老人小孩留在家中最安全的地方，危房人员及时转移。

台风橙色预警信号：12小时内可能或者已经受热带气旋影响，沿海或者陆地平均风力达10级以上，或者阵风12级以上并可能持续。

防御指南：政府及相关部门按照职责做好防台风抢险应急工作；停止室内外大型集会、停课、停业（除特殊行业外）；相关水域水上作业和过往船舶，应当回港避风，加固港口设施，防止船舶走锚、搁浅和碰撞；加固或者拆除易被风吹动的搭建物，人员应当尽可能待在防风安全的地方，当台风中心经过时风力会减小或者静止一段时间，切记强风将会突然吹袭，应当继续留在安全处避风，危房人员及时转移；相关地区应当注意防范强降水可能引发的山洪、地质灾害。

台风红色预警信号：6小时内可能或者已经受热带气旋影响，沿海或者陆地平均风力达12级以上，或者阵风达14级以上并可能持续。

防御指南：政府及相关部门按照职责做好防台风应急和抢险工作；停止集会、停课、停业（除特殊行业外）；回港避风的船舶要视情况采取积极措施，妥善安排人员留守或者转移到安全地带；加固或者拆除易被风吹动的搭建物，人员应当待在防风安全的地方，当台风中心经过时风力会减小或者静止一段时间，切记强风将会突然吹袭，应当继续留在安全处避风，危房人员及时转移；相关地区应当注意防范强降水可能引发的山洪、地质灾害。

（13）大风预警等级

大风（除台风外）预警信号分四级，分别以蓝色、黄色、橙色、红色表示。

大风蓝色预警信号：24小时内可能受大风影响，平均风力可达6级以上，或者阵风7级以上；或者已经受大风影响，平均风力为6~7级，或者阵风7~8级并可能持续。

防御指南：政府及相关部门按照职责做好防大风工作；关好门窗，加固围板、棚架、广告牌等易被风吹动的搭建物，妥善安置易受大风影响的室外物品，遮盖建筑物资；相关水域水上作业和过往船舶采取积极的应对措施，如回港避风或者绕道航行等；行人注意尽量少骑自行车，刮风时不要在广告牌、临时搭建物等下面逗留；有关部门和单位注意森林、草原等防火。

大风黄色预警信号：12小时内可能受大风影响，平均风力可达8级以上，或者阵风9级以上；或者已经受大风影响，平均风力为8~9级，或者阵风9~10级并可能持续。

防御指南：政府及相关部门按照职责做好防大风工作；停止露天活动和高空等户外危险作业，危险地带人员和危房居民尽量转到避风场所避风；相关水域水上作业和过往船舶采取积极的应对措施，加固港口设施，防止船舶走锚、搁浅和碰撞；切断户外危险电源，妥善安置易受大风影响的室外物品，遮盖建筑物资；机场、高速公路等单位应当采取保障交通安全的措施，有关部门和单位注意森林、草原等防火。

大风橙色预警信号：6小时内可能受大风影响，平均风力可达10级以上，或者阵风11级以上；或者已经受大风影响，平均风力为10～11级，或者阵风11～12级并可能持续。

防御指南：政府及相关部门按照职责做好防大风应急工作；房屋抗风能力较弱的中小学校和单位应当停课、停业，人员减少外出；相关水域水上作业和过往船舶应当回港避风，加固港口设施，防止船舶走锚、搁浅和碰撞；切断危险电源，妥善安置易受大风影响的室外物品，遮盖建筑物资；机场、铁路、高速公路、水上交通等单位应当采取保障交通安全的措施，有关部门和单位注意森林、草原等防火。

大风红色预警信号：6小时内可能受大风影响，平均风力可达12级以上，或者阵风13级以上；或者已经受大风影响，平均风力为12级以上，或者阵风13级以上并可能持续。

防御指南：政府及相关部门按照职责做好防大风应急和抢险工作；人员应当尽可能停留在防风安全的地方，不要随意外出；回港避风的船舶要视情况采取积极措施，妥善安排人员留守或者转移到安全地带；切断危险电源，妥善安置易受大风影响的室外物品，遮盖建筑物资。

6. 牢记重要电话，遇险及时求助

防灾避险，要会自保，更要会求救。很多时候，个人的力量是极其有限的，特别是在灾难将要发生或已经发生之后，求救是最重要的逃生措施。抢救生命需要的就是争分夺秒。早一秒钟开展自救和求救，就多一分生的希望。学会求救、善于求救、及时求救、随时做好求救准备，对于保障自己的安全，至关重要。

> 三位好朋友自驾游，不慎在山里连人带车跌落到一百五十米深的山谷里，受困四日三夜后才获救。其间，他们曾多次想以手机向外求救。无奈一只被摔坏，一只没电了，一只信号接收不良；他们还多次移动位置以寻找较佳的收发信号地，但都不成功。最后是山里一位羊倌偶然发现他们，他们才得以获救。要是没有这个偶然，后果难以想象。

其实，只要他们平时警觉意识高，掌握基本的求救知识和技巧，知道紧急时刻用那只收信不良的手机拨出112专线，也还是可以顺利求救的。

112专线是全国各地通用应急线路，在手机打开后即使没有接收信号，甚至电力极为微弱的情况下，任何厂牌的手机在任何地点皆可拨通。拨出112后，马上会进入语音说明，具体如下：这里是行动电话112紧急救难专线，如果您要报案，请拨0，我们将会为您转接警察局；如果

您需要救助，请拨9，我们将会为您转接消防局。中文讲完后，会以英文重述一遍。此时只要拨0或9，一定会有人接听。以三位朋友所处的情况，或者是遭遇其他困境时，只要打通112后拨9，都会获得及时的救助。

按照国际电信联盟的规定，厂家在生产手机时都设置有紧急呼叫号码"112"，此号码在全世界免费通用。当你需要时只要手机正常，当地有基站信号，不管是否开通国际漫游都可以打通，而且即使你不知道当地急救电话号码也没问题，如在美国打"112"网络会自动接到"911"，在国内打"112"网络则会自动告知你打"110"。

然而，这个"112"在国内的普及率并不高，很多人认为它不过是个报修电话。确实，如果用固定电话拨打"112"，的确是电信公司的故障报修电话，但是用移动电话拨打就完全不同了。按照常规，在消费者购买手机时，说明书上都会注明这一点，但常常被人忽视，变成"信息盲区"。

一般手提电话的内置功能，都设有"紧急救援号码"直接拨至当地的求助热线。所以，无论你身处任何国家，只要手提电话是在GSM或PCS网络范围内，即使没有插入智能卡或电话已锁上，也随时可以打出紧急求援号码"112"。

但需要特别注意的是，它不是遇险的最好求救电话。你可以尝试拨打112，它会告诉你各个应急电话的号码，但是不会为你转接。就是说当你的手机只能打通112的时候，你仍然不能通过手机与外界联系获得救援。在我国是这样，其他国家或地区一般会转接到当地的报警电话。

在当前，一旦遇险，以下的电话都是可以直拨并求救的紧急电话，一定要记牢，切不可忘了，要知道，危急时刻这些可都是救命的。

（1）常用的报警电话号码：

110 报警服务电话

119 火警报警电话

120 医疗急救指挥中心电话

122 交通事故报警电话

999 紧急救援电话

（2）报警电话的使用方法

就近报警，越快越好；拨打110、119、120、122免收电话费，投币、磁卡等公用电话都可直接拨打；手机报警无须加区号；在欠费状态或待机状态下，固定电话、手机等通信工具可以呼叫所有紧急救助电话；110、119、120、122属四台联动，遇到紧急情况，拨打任何一个都能得到帮助，但必须说清需要什么性质的救助；110、120和119都是急救求助电话，拨打其中一个即可，不要同时拨打两个号码，以免造成资源浪费；报警求助电话，争分夺秒，语言必须清楚、准确，最忌语无伦次。因此，报警者一定要保持镇定，抓紧时间把事情说清楚，无关的话不要讲。

（3）110报警要点

一是务必说清案发的时间、具体位置、你的姓名和联系方式，越清楚越好。如果对案发位置不熟，可以提供周围的标志性建筑、大型场所、公交车站、单位名称等。

二是依照民警的提示说清报警求助时的基本情况：现场的原始状态如何，有没有采取措施，犯罪分子的人数、体貌特征，犯罪分子携带的凶器种类，逃跑的方向和逃跑时乘坐的车型及车号，受害人员的数目和受伤情况等。

三是报警后，如果没有特殊情况，应留在报警地等候民警。有案发现场的要保护好现场，不要随意移动任何物品。

(4) 119报警要点

一要说清火灾发生地所在的区（县）、街道、胡同的名称，房屋门牌；或哪个区、哪条路、哪个住宅区、第几栋楼、第几层；或乡、村的具体地点。

二要说清是什么燃烧物着火、火势的大小、周围建筑物的情况，有没有被困人员、人员的伤亡情况等。

三要说清在什么位置接车、带路，并提供水源位置等情况。

四要注意根据对方的提问回答，并留下你的联系电话和姓名。

(5) 120报警要点

一是患者发病时的具体地址，患者的姓名、年龄、性别，以及可联络的电话号码；

二是患者目前最危急的情况，如呼吸困难、神志不清、大出血、昏倒、胸痛等，患者发病的时间、过程、用药情况以及伤病史、过敏史等。

三是尽可能说清楚患者患病或受伤的时间。如果是意外伤害，要说明伤害的性质，是触电、溺水、中毒、交通事故，还是其他，并说清受伤人数及伤者具体的受伤部位。

四是询问救护车到达的大致时间，派人到什么位置接应救护车辆，帮助引路。

五是如果还有时间，可以说明是否采取了急救措施、采取了什么样的急救措施，或者询问相关的急救方法、注意事项。

(6) 122报警要点

一是详细说明出事地点、时间，受伤或死亡人数及车辆的损伤情况。

二是如果肇事车辆逃逸，说清肇事车辆的车牌号或者车辆的车型、颜色等主要特征。

三是留下你的联系电话和姓名。

7. 加强应急演练，掌握逃生常识

很多人都还记得，2008年汶川大地震时有一个"最牛校长"叶志平，他的牛不是因为别的，就是因为他的防灾避险意识和时刻对灾难和危险保持高度的警惕性。叶校长经常带领全校师生开展防灾避险演练，让师生们熟练掌握灾难来临时逃生自救的知识，才创造了当年2200多名师生的桑枣中学在那次强震中无一伤亡的奇迹。

汶川大地震发生的时候，叶校长不在学校。学生们是按着平时学校要求的和他们已练熟了的方式疏散的。全校2200多名学生和上百名老师，从不同的教学楼和不同的教室中，全部冲到操场，以班级为单位站好，仅用时1分36秒。

桑枣中学所在的安县紧临着受灾最为惨烈的北川，学校外的房子百分之百受损。在桑枣中学，8栋教学楼部分坍塌，全部成为危楼。叶校长的学生——11岁到15岁的娃娃们，都挨得紧紧地站在操场上，老师们站在最外圈，四周是教学楼。学生无一伤亡，老师无一伤亡。

这个奇迹的诞生，和叶校长的努力是分不开的。叶校长平时非常注意学生的生命安全。学校较早开始使用的试验教学楼建筑质量不过关，叶校长从1997年开始，连续多年对这栋楼进行了改造加固。这座楼在地震中没有倒塌。从2005年开始，叶校长每学期都要在全校组织紧急疏散的演习，疏散路径、疏散顺序、疏散方法都有详细安排，哪个班在前、哪个班在后、老师站在哪里、学生站在哪里，都要练习。正是练习过关、演习熟练了，才有1分36秒就全部逃出危险的奇迹。

现在很多学校都开设了防灾避险课程，学校经常带领孩子们开展防灾避险演习，这是非常必要的。企业或是人员高度集中的公共场所，在突然遇到火灾、地震等突发紧急情况时，如果不能做到有组织地迅速撤离，很容易发生拥挤、踩踏等安全事故。企业要严格做好防灾避险预案，并且经常性地按照预案拟定的程序开展防灾避险演习，督促员工掌握防灾避险知识，练就逃生自救能力。如震灾、火灾、水灾、风灾等重大灾害时如何疏散，如何自救，如何互救，如何迅速而有效地应急反应，哪一个岗位的人员应当干什么、谁指挥、谁疏散、谁引路、谁断后，都应当在预案中写清楚，这些都是演习的内容。企业要高度重视，平时做好预案，带领所有员工至少三个月按照预案演练一次，对整个灾情过程全程模拟，要让员工把整个应急程序和规范熟记于心。

演练的目的不仅是使员工掌握基本逃生技能，更重要的是提高防灾避险意识，熟悉防灾避险程序，养成良好的防灾避险习惯，获得安全防范经验，掌握危急时刻逃生的技能。员工们要在平时的演练中学会听从指挥，服从命令，尊重科学，积极学习逃生自救知识，以保证每一个人都能在灾难来临时理智冷静、有条不紊、从容自救。

8. 重视心理调适，面对灾祸要有正确的心态

从某种意义上来讲，每一场天灾人祸，都是一场心灵灾难。如果没有强大的心灵和勇于面对灾难的心态，我们很可能逃得了肉体的灾难，却逃不过心灵的折磨。所以防灾避险除了要具备相应的知识和能力，还要重视心理调适，在灾祸面前保持正确的心态，让心灵少受伤害。

(1) 灾前心理预防

对灾难要有一个正确的认识和正确的防范心理。畏惧或害怕灾难，天天患得患失，觉得灾难一来，万事皆空，于是消极生活，天天活在恐惧中，这些心理都是不对的。灾难不可避免，但灾难带来的伤害和损失却是可以避免的。就拿地震灾难来说，到目前为止，还没有任何科学技术能真正有效地预测或是防范地震的发生，也就是说，地震灾难我们既无法避免，也无从防范。但是，我们知道地球上有哪些地震带，有哪些地方是地震高发地带，身处这些地带，我们可以做一些积极的防震措施，减少震灾来临时的损失。比如平常积极参与防震演练，掌握逃生技巧，真正发生大震时，我们就会从容得多，人员伤亡损失也会小得多。再如，震时房子倒塌是伤亡和损失的重要原因，我们可以在平时建造房屋时就充分考虑房子的抗震问题，把房子抗震能力提高，就可以很好地减少震灾的损失。

(2) 灾难中的心理调适

有一句话说，"灾难我们无法选择，但我们可以选择面对灾难的态

度",这句话说得非常好。是的,有些灾难忽然降临,猝不及防,我们根本无力防范,更无从逃离,但我们可以选择正确的态度来面对。一旦灾难发生,不要过于慌张,避免引发更大的恐慌。特别是一些谣言,往往会造成比实际灾难更大的伤害。比如有一年河南杞县大蒜厂的一根钴60的辐射棒出故障,有谣言说辐射已经扩散,整个县城的人当晚都拖家带口、牵猪赶羊地逃离,导致大部分人堵在路上,整个城市陷入混乱,民众损失无数。而真相却只不过是出了一点小故障,根本没有任何辐射泄漏。所以说,面对灾难时一定要有理智的心态,不可轻信谣言,更不要被惨景吓倒。要培养坚强的内心,不管是自己受伤、亲人亡故,还是看到别人遭遇不幸,都要坚强面对。

面对突如其来的灾难,面对亲人逝去、财产损毁的事实,不要逃避,要承认这些事实,并且以积极的态度来直面这些事实。可以和同样遭遇的人聚集在一起交流一下彼此的感受,了解和自己一样遭遇的人的心理状态,然后相互勉励,一起走出失去亲人的困境。这样才能不被悲伤和绝望击倒。如果自己也受伤,应当多想想自己幸运的一面,毕竟是活下来了,这样可以鼓舞自己生的意志。没受伤可以积极参与救援,多做事多出力能减少自己的悲伤程度,也更有利于建立生活的信心。同时还要学会减少自责和后悔,不要把亲人的逝去当成自己的罪责,要告诉自己,这是天灾,不是自己的错,自己根本无能为力。这样慢慢走出悲伤的黑暗。

(3) 灾后心理调适

面对灾害事件,人们应该具有对自己心理进行调适的能力,而这种能力需要平时的锻炼,促使个体采取适当的措施来避免灾难的威胁。在灾难发生之后,许多人会经历亲人的伤亡,或是自己身体的伤害。在这种情况下,受难者会因灾难而产生一些身心反应。而其中的一系列心理反应如果过于强烈或持续存在,就可能导致精神疾患。有研究表明,重大灾害后精神障碍的发生率为10%~20%,一般性心理应激障碍更为普遍。因此,经受过灾难的人群在灾后要特别重视心理调适，及早走出灾难的阴影，消除灾难的影响，重回正常的生活。

自我调适首先要接受自己目前所处的状态。告诉自己，我是一个人，我现在处在一个危机状态中，所有我体验到的感受都是正常的，我恐慌、悲痛、我控制不住地想哭、我难以掩饰我的害怕，虽然这些感觉很不好，但是在目前我所处的阶段，它们都是正常的，这说明我有血有肉，我是一个正常人，我有丰富的情感，我需要给自己时间来渡过这段危机。还可以多和自己对话。具体内容如下，供参考。

灾难已经发生了，我要吃好睡好才能挺过难关。

我老是想起那些可怕的画面，不如想一想以后更好的生活，我一定还能过上那样的生活。

我不应该老寄希望于老天爷，我要努力工作学习，认真生活，我能自己创造奇迹。

我要谢谢那些帮助我们的人，他们是真心地在帮我们。

感谢老天，我还活着，还有更多人需要我的帮助。

生死是老天的事，我管不了那么多，但我能尽全力过好我所有的每一天。

这都有助于缓解自己的心理症状，促使自己尽早走出悲伤，回归正常生活。

要想更好地自我调适，还要主动接受来自亲人、朋友的帮助，或者主动寻求专业心理救助的帮助。不要隐藏内心的感受，试着把悲伤、恐惧情绪表达出来，与家人朋友一起分担伤感与悲痛。诉说的过程本身就是一个宣泄的过程，通过言语的表达，负性的情绪得以宣泄，人们才会渐渐地恢复理性。

第三，要大胆接受现实。地震导致了亲人的丧失、财产上的损失，受害者可能要面对只有一条腿的生活，面对没有亲人的生活，面对重建家园的艰辛，这肯定会给我们带来强烈的无助感、无望感，感到没有未来，难以找到生活的意义，没有力量计划未来，这些感觉是很真实的，也是必需花很长时间来修复的心灵深处的创伤，可是一定要记住，亲人不在了，生活还要继续。

第四，要接纳自己和家人的悲伤情绪与软弱，不要勉强自己去忘掉，当家人哭诉时不要压抑克制，要给予相互拥抱支持，不要因为不好意思或忌讳，而避开和别人谈论这次经历，家人之间要互相支持，互相安慰。

对于没有经历地震的人员来说，除非必要，尽量不要去网上搜索和浏览相关的图片视频。因为看得多了，也会有心理上的影响，这叫作替代性心理创伤。台湾就有这样的教训，台北的一个老人，在地震发生后，几乎每天24小时都在收看地震灾害报道，结果吃不下饭，睡不着觉，不停哭泣，整个生活受到影响，最后因为抑郁不得不去医院治疗。所以不在灾难现场的人最好少看一些让心灵受刺激和伤害的图片和报道，避免受到替代性伤害。可以关注救灾，但最好减少直接接触负面信息，保障自己的生活不受干扰。如果长时间出现负面情绪，自己不能排除，就需要去寻求专业的心理帮助。

总之，面对灾难，一定要有正确的心理，并且及时自我调适。不管灾祸多么无情，生活一定要继续，心理的创伤会跟随一段时间，但是随着时间会慢慢淡去，最关键的是我们自己要有生活的信心和勇气。

第二章

防范自然灾害，遇灾避险及时逃生

　　防灾避险，天灾无疑是重中之重。地震、火山、洪水、飓风、暴雪、高温、雷击、海啸……这些自然灾害危害巨大又防不胜防，需要我们提高警惕，学会防范，及时避险，自救逃生。所以学会防灾避险方法，掌握遇险逃生技巧，尤为重要。

1. 地震的紧急避险方法和自救处置措施

地震是世界上最严重的自然灾害之一，也是带来伤害最大的自然灾害之一，其造成的伤亡数占自然灾害死亡人数的一半以上。大地震可移山填海，使房屋倒塌、电线失火、城市毁坏、人员大量伤亡，还会引发山体滑坡、海啸等。如1960年发生在南美洲的智利8.9级地震、2011年发生在日本福岛的9级地震，破坏力前所未有。福岛地震致数万人遇难和失踪，核电站受损泄漏，巨大海啸更是造成前所未有的破坏。所以面对大地震，一定要学会紧急避险方法，科学自救，寻找逃生机会。

（1）地震时的紧急避险方法

地震时最好不要跑，而是就近躲避。无数事实表明，地震时在房间内避险比盲目外逃更安全。震时就近躲避，震后迅速撤离到安全地方，是应急避震较好的办法。避震应选择室内结实、能掩护身体的物体下（旁）、易于形成三角空间的地方，开间小、有支撑的地方，室处开阔、安全的地方。

迅速寻找能形成安全三角区的地方躲避。所谓安全三角区指的是在建筑物倒塌时，有一些坚固的支撑物能够支撑倒下的物体，在坚固的支撑物和倒塌物之间能形成一定的空间。这个空间一般呈立体三角形状，地震时人如果躲在这个地方可以有效地保护自己，因此这个空间称为安全三角区。这种三角区一般在承重墙边上，承重家具和其他的支撑物附近，所以地震来时要选择可能形成三角区的地方双手护住头部，自救自护。提倡避震时躲在小开间房、桌下或桌旁，主要理由就是利用支撑物与塌落物形成的安全三角区提供庇护。地震时桌下和桌旁都可以躲，但桌下可能更安全些。

身体自救自护应采取的姿势为：伏而待定，蹲下或坐下，尽量蜷曲身体，降低身体重心；抓住桌腿等牢固的物体；保护头颈、眼睛，掩住口鼻。特别重视头部保护。头部是人体最重要的部位，如果有坠落物直接击砸到头部，会给人的生命安全带来致命的危险，因此保护头部是保证生命安全的最重要措施。地震发生时，可用枕头、坐垫、书包甚至脸盆等顺手可得的物品来保护头部，如果实在没有顺手的物品可用，可以用手护住头部。

大地震时不要急。在发生破坏性地震的地区，从地震发生到建筑物被破坏，平均只有12秒钟，在这短短的时间内，每个人都必须根据所处的环境迅速作出抉择。根据国内外大量地震实例表

明，地震时应就近躲避，震后迅速撤离到安全地方。若在地震发生的瞬间进入或离开建筑物，被砸死砸伤的概率很大。所以在这短短的时间内你千万不要惊慌，应根据所处环境迅速作出保障安全的抉择。如果住的是平房，那么可以迅速跑到门外。如果住的是楼房，千万不要跳楼，应立即切断电闸，关掉煤气，暂避到洗手间等开间小的地方，震后迅速撤离，以防强余震。

如在街道上遇到地震，应用手护住头部，迅速远离楼房，到街心一带。如在郊外遇到地震，要注意远离山崖，陡坡，河岸及高压线等。正在行驶的汽车和火车要立即停车。

通常一个主震发生后，紧跟着会发生一系列余震，余震的强度一般比主震小。这时最好听从指挥，冷静行动，不要听信谣言，要相信从政府、警察、消防等防灾机构发出的消息。不要乱挤乱拥，不要随便点明火，因

为空气中可能有易燃易爆气体。地震时如果在家里，应立即关闭煤气和电闸，防止触电和发生火情。与地震相比，地震所引起的火灾往往更可怕。如果住的是平房，且离门很近，应迅速跑到门外。如果住的是楼房，千万不要去阳台，不要跳楼，不要跑到楼道等人员拥挤的地方，更不要使用电梯。应尽量躲在开间小的房间，如卫生间、厨房等，最好能找一个可形成三角空间的地方。尽量选择靠近水源的地方，比如厕所或暖气管旁，暖气管的承载力较大，管道内有存水，还可通过击打暖气管的方式向外界求救。不可躲入桌子、床铺下，应以蹲低姿势躲在墙角或结实的家具旁。注意屋内最不利于避震的地方是吊顶和吊灯下、玻璃制品和窗户旁，也不要躲进箱子或柜子里。地震来时最好迅速趴下，蜷曲身体，降低重心，脸朝下，注意保护头部。同时闭上眼睛和嘴巴，用湿毛巾捂住口鼻。

(2) 地震时被压在废墟下的自救措施

震后，外界救援队伍不可能立即赶到受灾现场，在这种情况下应积极互救，这也是减少伤亡最有效的办法。

地震时如被埋压在废墟下，一定不要惊慌，要沉着，树立生存的信心，相信会有人来救你，要千方百计保护自己，坚持下去，等待救援。在精神上不能崩溃，要尽量保持冷静，树立顽强的生存勇气和信心，并设法利用现有的一切条件自救，等到救援人员到来。

等待救援需要一定的时间，此时要稳定下来，改善自己所处的环境，设法脱险。等待救援时，先要弄清自己所处的环境和身体状况，看看有没有受伤。争取将双手从压塌物中抽出来，并清除掉头部、口鼻以及胸前的灰土，保持正常的呼吸。闻到煤气、毒气时，用湿衣服等物捂住口、鼻；避开身体上方不结实的倒塌物和其他容易引起掉落的物体；尽可能扩大和稳定生存空间，保持足够的空气。用砖块、木棍等支撑残垣断壁，以防余震发生后，环境进一步恶化。若周围有管道，可以用手边的硬物敲击铁管、墙壁，以发出求救信号；观察四周有无通道或光亮，分析判断自己所处的位置，从哪个方位最可能脱险；试着排除障碍，开辟逃生通道，尽量朝着有光线和空气清新的地方移动。

无法脱险时，要保存体力，不要大喊大叫。哭喊、急躁和盲目行动，只会大量消耗精力和体力，弱化求生信心。尽可能控制自己的情绪或闭目休息，等待救援人员到来。同时要积极寻找食物和水，并节约使用。

如果受伤，要想法包扎，避免流血过多。如果被埋在废墟下的时间比较长，救援人员未到，就要想办法维持自己的生命。防震包的水和食品一定要节约，尽量寻找水和食物，必要时自己的尿液也可以延缓生命。

积极主动配合地面营救。如几个人同时被埋压时，要相互鼓励，团结配合，等待救援。听到地面有人时，应用硬物敲击能发出声响的物体，如铁管、墙壁，发出求救信号。

(3) 震时救援方法及注意事项

地震发生后，活着的人应积极参与救助工作，可将耳朵靠墙，听听是否有幸存者声音。中小学生要先自救，为防余震，最好待在安全的避难所内。地震是一瞬间发生的，任何人应先保护自己，再展开救助。先救易，后救难；先救近，后救远。

营救之前，先了解被埋压人员周围的环境，有计划、有步骤地进行救援工作。营救时准确定位，判断其埋压的位置，以向废墟中喊话、敲击等方式传递营救信息。一定要注意埋压人员的安全，避免刨挖工具伤及埋压人员，避免破坏埋压人员所处空间周围的支撑条件，避免引起二次坍塌。

尽快打通外界与埋压人员的空间，使新鲜空气流入。如果一时难以救出，先将埋压人员的头部暴露出来，清除口鼻内的尘土，以保证呼吸顺畅。如有窒息，立即进行人工呼吸。设法向埋压人员输送饮用水、食物和药品，维持其生命。扒救被埋压人员时遵循的原则为：先抢救医院、学校、幼儿园、影剧院等人员密集地方的人；应先易后难；先近后远；先轻伤后重伤；先救幸存者后挖遇难者。

对于被埋压程度浅、伤势不重但又不能马上完全挖出者，可先将头、胸露出后，无生命之虞后，交由护理人员照顾。赶紧再扒救其他被埋压者。总的原则是争取时间，扩大战果，最大限度地减少由于扒救挖掘的拖延和失误造成的伤亡。首先确定头部位置，将头部扒出，并设法将呼吸道堵塞物排除，然后清理胸部上的埋压物，再将其上肢和下肢解脱出来；在无法确定伤情之前，绝对禁止强力牵拉四肢；切忌因救人心切，忽略上下左右的环境伤害其他未被挖救者。

扒挖接近被埋压人员时，不可利用利器；扒挖时要注意分清支撑物和非支撑物，不要破坏支撑条件，以免造成新的坍塌。扒挖时应尽早使封闭空间与外界沟通，以使新鲜空气流通进去，同时将水、食物或药品送入被救者处。扒挖过程中灰尘太大时，可喷水降尘，以免使被埋压人员呼吸困难。对于伤害严重，不能自行离开埋压处的人员，应该设法小心地清除其身上和周围的埋压物，再将被埋压人员抬出废墟，切忌强拉硬拖。

从地震废墟中救人，就是与时间赛跑，与死神争夺生命。据以往救灾经验，在震后三天之内救出的被埋压者的存活率大大高于三天以后的存活率。这三天的72小时就称为地震救援的黄金72小时，因而救援要争分夺秒，一刻不能耽误。

(4) 救出被埋压者后的护理方法

救出埋压人员后，要立即进行检查和抢救。先检查被埋压人员的伤势，查看伤情。对伤者根据受伤轻重，采取包扎或送医疗点抢救治疗。特别是危重伤员，应尽可能在现场急救包扎后，迅速送往医疗点。

埋在废墟中时间较长的幸存者，长时间处于黑暗中，眼睛不能受强光刺激，因此在被救后应该用深色布料蒙上幸存者的眼睛。刚刚救出来的人员不能一下给予大量的食物和饮水，同时应避免被救者情绪过于激动。

对于饥渴时间过长的幸存者，进水、进食要循序渐进，先缓慢进些流食、半流食，然后再逐步恢复正常饮食，不可一下子补充太多水和饮食。

（5）地震过后的生存原则

地震的巨大破坏力使房屋倒塌，生物伤亡，导致各种污染、病菌及有毒有害物质充斥在环境中，生存环境极为恶劣，如果不提高警惕，就会带来意外的伤害。所以，震后生存注意事项，也要高度重视。

地震导致排污系统破裂，水污染和废墟中的尸体会引起疾病的传播。应掩埋人和动物的尸体，防止发生疫情，饮用水前一定要做好检测，过滤并煮沸后饮用。如果没有检测，最好不饮用灾区的水。

震后不要栖身在破损的建筑物或废墟中，以防余震。如果房间内有煤气设施遭损坏，必须立刻关闭其主控制阀门，此时切勿使用明火，直到确认没有煤气泄漏时为止。

经历地震后，可能停水停电，食物短缺，无房可住，身心都受到伤害。此时坚定生活的信心，渡过非常时期特别重要。一定要树立起信心，积极乐观地对待灾难。

发现伤者应紧急抢救。同时做好心理调适，理智面对亲人受伤或离去的现实。

（6）平时要做好防震应急准备工作

平时要有防震意识，多了解地震常识，消除恐震心理，听从政府的指挥，不要轻信谣言，盲目抢购或逃离。学习自救、互救、抬伤员等相关技能。学习地震应急知识，做好防震应急准备，清理杂物，使门口、庭院通道畅通，震后便于人员撤离。将有毒、易燃、易爆物品转移到安全的地方。熟悉周围环境，了解避难场所，地震时可沿指定路线及时疏散。

平时准备好地震应急包，并定期更换包内过期的物品，这些物品要放置在能顺手拿取或小开间房屋内；电话或手机放在方便的地方，要牢记急救中心，消防队，派出所等应急单位的电话号码。

家庭应急包内准备好3天左右的饮用水和干粮，如压缩饼干、干面包、方便面等。准备好日常生活必需品，如洗漱用品、换洗衣服、手电筒、蜡烛、火柴、收音机、毛巾、急救药品、帐篷、背囊以及贵重物品。应急包内还应当准备救生用品、药品及求生用品等。如哨子、手电筒、矿泉水、方便食品、便携式收音机、雨衣、口罩、电池、火柴/打火机、手纸、卫生巾等。哨子的主要用途是万一被埋或被困，可用吹哨子的方式呼救或对外联络，既节省体力，声音又可传播得较远。地震时，往往造成电力中断。当震后转移时，特别在夜晚发生地震时，手电筒就会起到很大的作用，既可照明让自己了解周围的环境，又可以报警指示自己的方位，利于救援。口罩可用于地震造成灰尘或烟雾弥漫的场合，以阻隔烟尘的熏呛，保护口鼻和呼吸系统。在和外界通信受阻时，收音机可及时收听关于灾情和救援的情况、以稳定心情。药品可以准备止血药、止疼药、止痢药、感冒药、消毒液、急救袋、抗生素、抗破伤风等急救药品，以及消毒酒精、绷带等。有可能的情况下还应准备下列物品：安全帽、强化手套、硬底鞋、野炊炉具、刀、开罐头器、内衣、笔和本、帐篷、睡袋等。

平时要约定好家庭成员在灾难发生时失散后的联络办法和团聚的地点，以免地震后或在其他混乱情况下失去联系。

有地震预报时要固定容易倾倒的家具和易掉落的悬挂物，用胶带或透明膜贴住玻璃，防止碎片伤人。将危险物品转移到安全的地方。住平房的要检查房屋，拆掉女儿墙、高门脸，处理其他容易坠落的危险物体，必要时可进行加固房屋的工作；住楼房的要疏通楼道，清理杂物，保证震时通道畅通无阻。

如果自己家中是大面积的落地玻璃门窗和玻璃隔断，或有大的玻璃镜子或玻璃物品，最好贴覆上透明的塑料薄膜，以防其地震时震碎伤人。对危险品，如可燃性液体、有毒物品要存放在不会倒、不会打破的安全器具内，把各种存物架的重物移到下部；烧水炉、煤气灶可用皮带缠绕几圈，安全地靠在墙边，炉灶底要固定在地板上。

平时应了解居家和学校附近的应急避难场所,以便震时迅速疏散到安全的地方。

2. 海啸和火山喷发时的自救和逃生

海啸和火山喷发也是危害性极大的自然灾害,如果不注意防范,很容易带来危险。

(1) 海啸的防范和避险自救要点

海啸,指的是一种具有强大破坏力、灾难性的海浪。海啸爆发时常常伴随着巨大的声响,因此在汉语名称中有一个"啸"字。海啸被称为是地球上拥有最强大力量的自然性灾难,2004年的印度洋大海啸就曾经造成超过29万人遇难和失踪。

海啸的一个重要特征就是传播速度非常快,而且当它在遥远的海面移动时,人们很难察觉到。而当它以迅猛的速度接近陆地、达到岸边时,会突然形成巨大的水墙。这时候人们虽然发现了它,但是要想逃跑已经太晚了。因此,一旦有地震发生,要马上离开海岸,到高处安全的地方去,提高警惕,随时防范并及早转移至关重要。

①一定要注意收听当地的地震预报,对于那种隆隆作响的奇怪之声一定要保持高度的警惕。如果收到海啸警报,没有感觉到震动也要立即离开海岸,快速到高处避难。通过收音机和电视了解信息,在没有解除海啸注意或警报之前,勿靠近海岸。

②如果海水忽然后退,应意识到有危险,要尽快向相反方向的高处

跑，这很有可能是海啸的前兆。千万不要往前冲，应不顾一切地向反方向跑，这样才有可能逃生。总之离海岸越远越好。

③如果能够看到海浪正在逼近陆地，切勿前往海滩查看，当看到因海啸而引起的巨大海浪，逃跑就来不及了。面对像水墙一样滚滚而来无法抵挡的海浪，只能快速逃跑。

④感觉到强烈的地震或长时间震动时，需要立即离开海岸，快速到高地等安全处避险。在道路和桥梁上的人，应该立刻弃车离开道路向高处跑。在高的建筑中，最重要的是跑到更高的建筑物顶端。不要慌乱，因为海啸来去基本上只是在一两个小时之间。

⑤如果你提前发现了海啸的先兆，应当大声警告通知周边的人，尽量让他们也发现危险即将来临。迅速往高处跑，最好能跑到高地或者山上。能找到抗击力强的坚固建筑物也不错，比如酒店、避难所等。一幢房子最安全的地方是洗手间，一般这里开间比较小，四根柱子之间的距离也比较小，相对牢固。

⑥来不及逃离、被困在原地时，为防止被水流卷走，应立刻找到建筑物、树木，或者比较固定的位置，紧紧抱住或将身体拴在上面，因为海啸波退去的速度是比较快的，很快应该就会没事。抱住一个比较大的飘浮物也可以，这样可能会暂时淹没在水中，但很快会漂起来。

⑦如果不幸被卷落入水，要尽量抓住木板等漂浮物，同时注意避免与其他硬物碰撞。在水中不要举手，也不要乱挣扎，尽量减少动作，能浮在水面随波漂流即可。这样既可以避免下沉，又能够减少体能的无谓消耗。

如果海水温度偏低，那么不要脱衣服。尽量不要游泳，以防体内热量过快散失。不要喝海水。海水不仅不能解渴，反而会让人出现幻觉，导致精神失常甚至死亡。尽可能向其他落水者靠拢，既便于相互帮助和鼓励，又因为目标扩大更容易被救援人员发现。

⑧海啸救援时要注意，人在海水中长时间浸泡，热量散失会造成体温

下降。溺水者被救上岸后，最好能放在温水里恢复体温，没有条件时也应尽量裹上被、毯、大衣等保温。注意不要采取局部加温或按摩的办法，更不能给落水者饮酒，饮酒只能使热量更快散失。给落水者适当喝一些糖水，可以补充其体内的水分和能量。

（2）火山爆发自救逃生方法

火山是炽热地心的窗口，地球上最具爆发性的力量，爆发时能喷出多种物质，产生火山泥石流、熔浆流和大量的火山灰等。火山喷发可引起滑坡、地震、海啸等，成为火山灾害。火山爆发时要积极自救，尽早避险。

①警惕火山喷发预兆。火山在喷发之前常常活动增加，伴有隆隆声和蒸气与气体的溢出，硫黄味从当地河流中就可闻到。刺激性的酸雨，很大的隆隆声或从火山上冒出的缕缕蒸气是警告的信号。当看到附近山体有这些表现或是收到火山预警时，最好能尽早离开，越远越好。逃离时不要走峡谷路线，它可能会变成火山泥石流经过的道路。

②避开熔岩危险。火山爆发会喷出大量炽热的熔岩，它会坚持向前推进，直到到达谷底或者最终冷却。它们毁灭所经之处的一切事物。在火山的各种危害中，熔岩流可能对生命的威胁最小，因为人们能跑出熔岩流的路线。当看到火山喷出熔岩时，我们可以迅速跑出熔岩流的路线范围。

③躲避应对火山喷射物危险。火山喷射物大小不等，从卵石大小的碎片到大块岩石的热熔岩"炸弹"都有，能扩散到相当大的范围。而火山灰则能覆盖更大的范围，其中一些灰尘能被携至高空，扩散到全世界，进而影响天气情况。遇到火山喷发应该快速逃离，并戴上头盔或用其他物品护住头部，防止火山喷出的石块等砸伤头部。如果从靠近火山喷发处逃离，建筑工人使用的那种坚硬的头盔、摩托车手头盔或骑马者头盔都将给予你

一定的保护。

④避免火山灰灾害。用一块湿布护住嘴和鼻子，如有条件，可戴工业防毒面具。

戴上护目镜、通气管面罩或滑雪镜能保护眼睛。用一块湿布护住嘴和鼻子，最好使用工业防毒面具。

⑤应对气体球状物危害：火山喷发时会有大量气体球状物喷出，这些物质以每小时160千米以上的速度滚下火山。这时，我们可以躲避在附近坚实的地下建筑物中避险。如果附近没有坚实的地下建筑物，唯一的存活机会可能就是跳入水中、屏住呼吸半分钟左右，球状物就会滚过去。

⑥如果是驾车逃离，那么一定要注意火山灰可使路面打滑。如果火山的高温岩浆逼近，就要弃车尽快爬到高处躲避岩浆。

⑦到庇护所后，脱去衣服，彻底洗净暴露在外的皮肤，用干净水冲洗眼睛。

火山在喷发之前常常活动增加，伴有隆隆声和蒸气与气体的溢出，硫黄味从当地河流中就可闻到。刺激性的酸雨、很大的隆隆声或从火山上冒出的缕绿蒸气是警告的信号。驾车逃离时要记住，火山灰可使路面打滑。不要走峡谷路线，它可能会变成火山泥流经过的道路。

3. 台风飓风龙卷风，多听预报提前防范

（1）台风来临如何避险和自救

在台风来临前要注意收看各级气象台站发布的台风灾害性天气预警

信息。

台风伤害的预防重点时间是台风登陆前1~6小时,尤其是登陆前3~4小时,而不是登陆时。因此一切准备工作要在台风登陆前12小时完成,台风登陆前1~6小时应避免外出,尽量留在屋内。不在屋内的人群发生伤害的危险是留在屋内人群的4倍。

如果在外面,千万不要在临时建筑物、广告牌、铁塔、大树等附近避风避雨。如果你在水面上(如游泳),则应立即上岸避风避雨。如果你住在帐篷里,则应立即收起帐篷,到坚固结实的房屋中避风。如果你已经在结实的房屋里,则应小心关好窗户,在窗玻璃上用胶布贴成"米"字图形,以防窗玻璃破碎。如台风加上打雷,则要采取防雷措施。如果你正在开车,则应立即将车开到地下停车场或隐蔽处。台风来临时,千万不要在河、湖、海的路堤或桥上行走,不要在强风影响区域开车、骑车。

如果在路上看到有电线被风吹断、掉在地上,千万别用手触摸,也不能靠近。山体滑坡等灾害易发地区和已发生高强度大暴雨地区,相关人员要提高警惕,及时撤离。

如遇雷雨大风,应及时将正在运转的家用电器关闭,并拔出插头;如果不慎家中进水,应立即切断电源。

行车的时候要注意积水深度,如果在积水处熄火,请不要点火。另外请注意井盖。

驾驶汽车要把汽车停靠在安全地方,迅速下车,依靠建筑物躲避台风。千万别躲在汽车内躲避台风,台风来时,汽车里并不安全,不足以抗衡台风。不要把车停在地下车库或者地势低矮的地方,尽量往高处停。停车处要注意高空落物,广告牌旁、树木旁,也是危险区域。

不要在危旧住房、厂房、工棚、临时建筑、在建工程、市政公用设施(如路灯等)、吊机、施工电梯、脚手架、电线杆、树木、广告牌、铁塔等地方躲风避雨。防止这些东西在强风下倒塌、掉落,砸伤人。

对于居住在沿海地区的居民来说，防范台风更为重要。台风引发的风暴潮容易冲毁海塘、涵闸、码头、护岸等设施，甚至可能直接冲走附近的人。台风来临前，海涂养殖人员、病险水库下游的人员、临时工棚等危险地段的人员都应及时转移。

沿海乡镇在台风来临前要加固各类危旧住房、厂房、工棚、临时建筑、在建工程、市政公用设施（如路灯等）、吊机、施工电梯、脚手架、电线杆、树木、广告牌、铁塔等，千万不要在以上地方躲风避雨。

台风来临时，千万不要在河、湖、海的路堤或桥上行走，不要在强风影响区域开车。台风带来的暴雨容易引发洪水、山体滑坡、泥石流等灾害，大家心里要有这根弦，发现危险征兆应及早转移。

（2）遭遇飓风逃生方法

飓风的危害与魔鬼堪有一比。它所经之处，房屋被摧毁，道路被淹没，树木被连根拔起，船只被抛至岸边。飓风还常常引起大范围的洪涝灾害，甚至导致海啸、山崩、泥石流和滑坡等严重的自然灾害。所以防范和自救很重要。

如果在未来的24小时至36小时内有飓风来临，那么当地的天气预报就会发出飓风预防信息；如果飓风来临时间在24小时之内，将会发出飓风警报信息。要随时了解最新消息，做好一切准备工作。

一定要躲开飓风即将经过的路线，远离海滨和入海口的河岸。

如果在家，就要把窗户钉住或者完全堵住。如果居住的是平房，那么就要将把诸如垃圾箱、花园椅子等户外用具搬入室内，以防止被狂风卷上天空。房屋需要加固的部位及时加固，关好门窗。准备好食品、饮用水、照明灯具、雨具及必需的药品，预防不测。疏通泄水、排水设施，保持通畅。遇有大风雷电时，要谨慎使用电器，严防触电。有地下室最好躲入地下室，离开有门窗的地方，因为飓风有可能掀起整个房顶。

如在海上，放下船帆，封住船舱，把所有的工具收藏好。如在户外，可躲到洞穴或沟渠，如果暂时没有藏身之处，可平躺在地面上，这样会使你减少被乱飞的碎物击中的危险。密切注意周围环境，在出现洪水泛滥、山体滑坡等危及安全的情况时，要及时转移。

如果暂时安全，最好待着别动，哪怕飓风似乎已经过去。因为一般在风眼过去后，通常平静不到一个小时，风就会从相反方向再次刮来。

风暴过后，要注意卫生防疫，减少疾病传播。

（3）龙卷风逃生方法

龙卷风是一种威力非常强大的旋风，多发生在春季。龙卷风往往来得十分迅速、突然，还伴有巨大的声响。它的破坏力极强，能够把所经过地区的沙石、树木、庄稼，甚至海中的鱼类、仓库中的货物卷入高空，对人民的生命财产威胁极大。在龙卷风袭来时，如果你正好在家中，该如何有效地保护自己呢？

如果你居住的是平房，那么龙卷风袭来时，应打开门窗，使室内外的气压得到平衡，以避免风力掀掉屋顶，吹倒墙壁。若在室内，然后迅速撤退到地下室或地窖中，或到最接近地面的房间内，人应该保护好头部，面向墙壁蹲下。远离门窗和房屋外围墙壁等可能坍塌的物体。尽可能用厚外衣或毛毯等将自己裹起，用以防御可能四散飞来的碎片。跨度小的房间要比跨度大的房间安全。贵重物品要向楼下转移，也可放在洗衣机、洗碗机等电器里。最安全的地方是混凝土建筑的地下室或半地下室，简易住房很不安全。注意：千万不要待在楼顶上。

如果是野外碰上龙卷风，切莫惊慌失措，记住要快跑，但不要乱跑。应以最快的速度朝与龙卷风前进路线垂直的方向逃离。也就是向龙卷风前进的相反方向或者侧向移动躲避。

来不及跑离的，要迅速找一个低洼地趴下。正确的姿势是脸朝下，闭上嘴巴和眼睛，用双手、双臂保护住头部。一定要远离大树、电线杆、简易房等，以免被砸、被压或触电。在电线杆或房屋已倒塌的紧急情况下，要尽可能切断电源，以防触电或引起火灾。

乘坐汽车遇到龙卷风，应下车躲避，不要留在车内。

4. 洪水避险，更需防范滑坡和泥石流

俗话说，"水淹一线，火烧一片"，洪灾一般来说是有一定的路径的，注意避开洪水可能的路径，对于逃生极为重要。现在暴雨或洪水都会有预报，平时一定要注意灾难预报，提前做好准备。

（1）洪灾中的避险和自救

暴雨来临时，应关好门窗，将置于阳台、窗外的花盆等易坠物品移入室内。把家中的电源插头拔掉。低洼院落、平房或是地下室进水了，首先应切断电源，然后将人员转移到安全地区。为防止洪水涌入屋内，首先要堵住大门下面所有空隙。最好在门槛外侧放上沙袋，制作沙袋可用麻袋、草袋或布袋、塑料袋，里面塞满沙子、泥土、碎石即可。如果预料洪水还会上涨，那么底层窗槛外也要堆上沙袋。

在户外的话，应立即到室内避雨，千万不要在高楼下停留，也不要在大型广告牌下躲雨或停留，以免物品坠落砸伤；切忌用手接触地面、在大树下躲避雷雨、使用手机等；暴雨中开车应打开雨雾灯，减速慢行，尽量不要穿越有水浸的道路。

根据当地电视、广播等媒体提供的洪水信息，结合自己所处的位置和条件，冷静地选择最佳路线撤离，避免出现"人未走水先到"的被动局面。洪水到来时，来不及转移的人员，要就近迅速向山坡、高地等地转

移，或者立即爬上屋顶、楼房高层、大树、高墙等高的地方暂避。尽量带上一些食品和衣物。

如洪水继续上涨，暂避的地方已难自保，就要充分利用准备好的救生器材逃生，或者迅速找一些门板、桌椅、木床、大块的泡沫塑料等能漂浮的材料扎成筏逃生。在离开家门之前，还要把煤气阀、电源总开关等关掉，时间允许的话，将贵重物品用毛毯卷好，收藏在楼上的柜子里。出门时最好把房门关好，以免家产随水漂走。

如果洪水来得太快，已经来不及转移，则要立即爬上屋顶、楼房高层、大树、高墙，做暂时避险，等待援救。千万不要游泳逃生，不可攀爬带电的电线杆、铁塔，也不要爬到泥坯房的屋顶。在楼上储备一些食物、饮用水、保暖衣物以及烧开水的用具。

如果已被洪水包围，要设法尽快与当地防汛部门取得联系。可利用眼镜片、镜子在阳光照射下的反光发出求救信号，报告自己的方位和险情，积极寻求救援。

如果已被卷入洪水中，不要惊慌，一定要尽可能抓住固定的或能漂浮的东西，寻找机会逃生。也可就近攀上安全的建筑物，发出求救信号，如晃动衣服或树枝、大声呼救等。如果离岸较远，周围又没有其他人或船舶，就不要盲目游动，以免体力消耗殆尽。

发现高压线铁塔倾倒、电线低垂或断折时，一定要远离避险，切不可触摸或接近，防止触电。

沿河居住或洪水多发区内的居民，平时应尽可能多地了解洪水灾害防御的基本知识，掌握逃生自救的本领。

汛期，多听多看天气预报，留心、注意险情可能发生的前兆，动员家人随时做好安全转移的思想准备。防汛主管部门统一调度时，要服从指令，不得擅自行动。

被洪水围困时，无论是孤身一人还是人群聚集，突遇洪水围困于基础较牢固的高岗台地或砖混、框架结构的住宅楼时，只要有序固守等待救援或等待陡涨陡落的山洪消退后即可解围。如被洪水围困于低洼处的岸边、干坎或木、土结构的住房时，有通信条件的，可利用通信工具向当地政府和防汛部门报告，寻求救援；无通信条件的，可制造烟火或来回挥动颜色鲜艳的衣物或集体同声呼救，不断向外界发出紧急求助信号，求得尽早解救；情况危急时，可寻找体积较大的漂浮物等，主动采取自救措施。

洪水过后，要服用预防流行病的药物，做好卫生防疫工作，避免发生传染病。

（2）泥石流和滑坡灾害避险要点

泥石流是指在山区或者其他沟谷深壑、地形险峻的地区，因为暴雨、暴雪或其他自然灾害引发的山体滑坡并携带有大量泥沙以及石块的特殊洪流。泥石流具有突然性以及流速快、流量大、物质容量大和破坏力强等特点。有些村庄甚至刹那间就可被泥石流全部吞噬。

2006年2月，菲律宾南部的昆萨胡贡村就被泥石流整体吞噬，这个村庄完全从地图上消失了。我国2010年8月发生在甘肃省甘南舟曲县的特大泥石流也让人心有余悸，这次特大泥石流灾害造成近千人遇难，数百人失踪，累计门诊人数两千余人。

泥石流常常会冲毁公路铁路等交通设施甚至村镇等，造成巨大损失。而且泥石流救援难度极大，遭受泥石流灾难很难有生还的机会，所以一定要有避险意识，掌握逃生知识，尽早避险逃生。如果发生泥石流或滑坡灾害，一定要掌握以下逃生方法。

发现征兆立刻向河床两岸高处跑。与泥石流成垂直方向的两边山坡高处爬。来不及奔跑时要就地抱住河岸边上的树木。尽可能逃离发生泥石流的区域，切勿穿越低洼地区或者桥梁。逃离危险区域后，马上爬到最近的一个制高点。跑向离泥石流发生地较远处的安全高地或河谷两岸的山坡高处躲避泥石流。

逃生时，切勿惊慌失措，应从容观察泥石流可能前进的方向，不要顺着泥石流可能倾泻的方向跑，不要在树上和建筑物内躲避，泥石流不同于一般洪水，其流动途中可摧毁沿途的一切障碍，要向泥石流倾泻方向的两侧高处躲避。应避开河、沟弯曲的凹岸或地方狭小，高度不足的凸崖。因为泥石流有很强的掏刷功能及直进性，这些地方很危险。千万不要顾忌财产，生命永远比财产更重要，因收拾细软被泥石流吞噬的事例数不胜数。逃出时尽量多带些衣物和食品，由于滑坡使交通不便，救援困难，泥石流过后一般天气阴冷，要防止饥饿和冻伤。

逃生时不要再闯入泥石流发生过的地方，因为有时泥石流会间歇发生。如果泥石流使江流堵塞，那么洪水迟早会泛滥。因此必须在洪水来临之前转移到安全的地方。

万一不幸陷入泥石流，应当立即使整个身体抱成一团，用自己的双手保护好头部。野外露营时避免宿营在有滚石和大量堆积物的山坡下面，而应选择平整的高地为夜晚露宿的地方。

滑坡过后，也不要立即进入灾害区搜寻财物，以免再次发生滑坡、崩塌。因为当滑坡、崩塌发生后，后山斜坡并未立即稳定下来，仍会不时发生崩石、滑坍，甚至还会继续发生较大规模的滑坡、崩塌。因此，不要立即进入灾害区去挖掘和搜寻财物。

偏远山区地质灾害发生后，道路、通讯毁坏，无法与外界沟通。应该尽快派人将灾情向政府报告，以便尽快开展救援。撤离灾害地段后，要迅速清点人员，对于失踪人员要尽快组织人员进行查找搜寻。

5. 暴风雪成灾，防范雪崩、雪盲

（1）暴风雪灾害自救方法

暴雪天要注意添加衣物，注意保暖；要减少室外活动，避免冻伤。如果在屋内要随时收听天气预报，做好准备工作。储备足够的粮食及肉食，将各种燃料备好，如煤、木材、柴油等。最好用可拧紧瓶盖的玻璃、塑料瓶装好可食用的水。备好火柴、打火机及手电、蜡烛等。加固门窗。通过手机、电话和外界保持联系。

如果在户外驾车或坐车，最安全的选择是待在车中。如果你位于正常行驶的路线上，可能很快就会获救。贸然离开车辆去寻求帮助是危险的。如果燃料足够的话，可以开动发动机提供热量。将发动机外面裹好，减少热量散失，但必须保证废气的排放。如果感到头晕眼花，可以关闭发动机，打开车窗透气，不可冒着废气中毒的危险来取暖。在发动机没有关闭时，千万不要睡着了。

如果在野外步行遭遇暴风雪，首先想到的是如何过夜，其次是怎样发出信号求救和野外生存。生存的第一步是找好藏身的地方。要选择干燥背风、向阳的地方，如岩石、洞穴、树林或矮树丛。可掘2~3米雪洞藏身，要戳1~2个通气孔。人不能直接坐在洞内的地上，要做一个坐台。人躲在里面只能养神，绝不能睡着，否则会冻坏。洞口应用雪封好。

要发出求救信号及时求救。可以用灯光、各种大的声音、篝火（以三角形方式燃起三堆篝火是国际上通用的遇险救援信号）、镜子的反光等。

还可以留雪地信号：在积雪地可以按照 SOS 字母的形状用脚踩出来很深的脚印。3 个字母应该达到 12 米的长度，并且用一些深颜色的物质填入雪坑之中，例如大树枝或者木头，只有这样才会醒目。

保障饮水。雪地水源丰富，不过要烧开才能饮用，否则会引起腹泻。积极寻觅食物。一切能吃的东西这时候都可以作为食物，并计划食用，以保持体力，支撑到救援人员到来。

注意生火和保存火种。这不仅可以给你提供温暖，也可以在野外有效防范野兽。

（2）防范雪崩的方法和遭遇雪崩的自救措施

在暴雪天气，还要特别预防发生雪崩，以免造成伤害。雪崩是积雪山区的一种严重自然灾害。当山坡积雪的内聚力抗拒不了它所受到的重力拉引时，便向下滑动，引起大量雪体崩塌，人们把这种自然现象称作雪崩。也有的地方把它叫作"雪塌方""雪流沙"或"推山雪"。雪崩的同时还能引起山体滑坡、山崩和泥石流等可怕的自然现象，危害巨大，所以要避开雪崩。

要防范雪崩，一是暴雪时不要在陡坡上活动。因为雪崩通常是向下移动的，在 1∶5 的斜坡上，便可能发生雪崩。如必须穿越斜坡地带，切勿单独行动，也不要挤在一起行动，应一个接一个地走，后一个出发的人应与前一个保持一段可观察到的安全距离。行动要轻，不可有大的动作扰动或是大声喊叫。说话声音都要尽量降低，以减少因空气震动而触发雪崩。

二是随时注意雪崩的先兆，如冰雪破裂声或低沉的轰鸣声，雪球下滚或仰望山上见有云状的灰白尘埃。可以在自己身上系一根红布条，以备万一遭雪崩时易于被发现。

三是遭遇雪崩时，切勿向山下跑，你应该向山坡两边跑，或者跑到地势较高的地方。

四是如果被雪崩赶上，无法摆脱，在无任何物可依时，可身体前倾，双手捂脸以免冰雪涌入咽喉和肺引发窒息,也便于雪崩停后手部的活动。若有掩体可用,要尽快靠近掩体,并闭口屏气,紧贴地面仆伏,双手尽可能抓住树木、岩石等坚硬掩体。因为雪崩前面的气浪冲击比雪团本身的打击更可怕。雪崩由于从高处以很大的势能向下运动,譬如从6000米高处向下坠落或滑落,会引起空气的剧烈振荡形成一层气浪。这种气浪有些类似原子弹的爆炸时产生的冲击波,雪流能驱赶着它前面的气浪,而这种气浪的冲击比雪流本身的打击更加危险,气浪所到之处,房屋被毁、树木消失、人会窒息而死。因此有时雪崩体本身未到而气浪已把前进路上的一切阻挡物冲得人仰马翻。

五是如果被雪崩冲下山坡,一定要设法爬到冰雪表面,同时以仰泳或狗扒泳姿势逆流而上,逃向雪崩边缘,压住你的冰雪越少,逃生的机会越大。一旦被积雪掩埋,要冷静下来,让口水流出从而判断上下方,然后奋力向上挖掘,迅速在自己的面前清理出一个可供呼吸的空间。大声喊叫将浪费宝贵的氧气,而且很有可能位于雪堆外面的人根本就听不见。

六是如果有同伴被雪崩卷走,在雪崩没有停止前不要急于抢救,而应密切注视遇险者的位置,待雪崩完全停止后迅速救援。

(3) 雪盲的防范和自救处理

在暴雪天还要防范发生雪盲。雪盲是紫外线对眼角膜和结膜上皮造成损害引起的炎症,严重的会导致眼睛暂时性失明。特点是眼睑红肿、结膜充血水肿、有剧烈的异物感和疼痛。症状有怕光、流泪和睁不开眼,发病期间会有视物模糊的情况。

预防雪盲最好的方法就是戴上黑色的太阳镜或防护眼镜。这样就可避免雪地反射的紫外线伤害眼睛。如果没有护目眼镜,应急时也可用一块黑布遮住眼睛,或用纸片、木片、布条等自制简易裂孔护目镜,使紫外线进入眼内的量减少。将眼睛以下鼻部等涂黑也有防雪盲的效果。

已经导致雪盲症后,或眼睛有流泪、红肿、痛感、针刺感、沙磨感、见光痛、头痛、视力下降、有模糊感、短暂性失明等不适症状时，也不要惊慌，首先检查有无异物，是否有机械性损伤，有的话及时处理。同时尽快隔离强光、强紫外线环境。尽量不要揉搓眼睛，若佩戴隐形眼镜，要及时取出。滴抗生素眼药水，然后闭目休息，及时到医院请医生处理。

6. 沙尘暴和雾霾天，做好防护最重要

沙尘暴，近些年已经成为春季影响我国北方地区的主要灾害天气。它的主要特点就是空气质量差、能见度低、风速大。沙尘暴不光给人的生活带来麻烦，严重的还将危及人们的生命。沙尘暴可能诱发过敏性疾病、流行病及传染病。通常情况下，人的鼻腔、肺等器官对尘埃有一定的过滤作用，但沙尘暴这种剧烈天气现象带来的细微粉尘过多过密，极有可能使患有呼吸道过敏性疾病的人群旧病复发。即使是身体健康的人，如果长时间吸入粉尘，也会出现咳嗽、气喘等多种不适症状，导致流行病发作。此外，大风跨越几千公里，将沿途的病菌吹到下风向地区，其中可能包括一些传染病菌。

（1）沙尘暴天气生活避险与防护

沙尘暴即将或已经发生时，居民应尽量减少外出，未成年人不宜外出，如果因特殊情况需要外出的，应由成年人陪同。

接到沙尘暴预警后，学校、幼儿园要推迟上学或者放学，直到沙尘暴结束。如果沙尘暴持续时间长，学生应由家长亲自接送或老师护送回家。

发生沙尘暴时，不宜在室外进行体育运动和休闲活动，应立即停止一

切露天集体活动，并将人员疏散到安全的地方躲避。骑车要谨慎，应减速慢行。若能见度差，视线不好，应靠路边推行。行人过马路要注意安全，不要贸然横穿马路。

发生沙尘暴时，行人特别是小孩要远离水渠、水沟、水库等，避免落水发生溺水事故。沙尘暴如果伴有大风，那么行人要远离高层建筑、工地、广告牌、老树、枯树等，以免被高空坠落物砸伤，要在牢固、没有下落物的背风处躲避。行人在途中突然遭遇强沙尘暴，应寻找安全地点就地躲避。不要将机动车辆停靠在高楼、大树下方，以免玻璃、树枝等坠落物损坏车辆。

(2) 遭遇沙尘暴时的自救措施

如果在室外遇到沙尘暴，不要惊慌，要冷静，以最快的速度到安全的避风处去，如商店、餐馆等。

如果离建筑物较远。应该用衣服蒙住头，以免吸入空气中的沙尘或被大风卷起的东西砸伤。同时蹲下身子，尽可能抓住一个牢固的物体或者干脆趴在路边等沙尘暴过去。千万不要躲在广告牌、土墙、大树的旁边，因为狂风有可能将其刮倒砸伤人。

如果沙尘暴来临时在家中，应该以最快速度关闭所有门窗，并把电视、风扇等家用电器关掉，只留下灯来照明就行了。

在戈壁、荒漠上遇到沙尘暴，一不小心就有被风沙吞噬、卷起的危险。因此遇到沙尘暴时一定要想出最佳的避险方案。千万不要跑到沙丘后面躲避，虽然有些沙丘是背风的，可以为你抵挡风沙，但随着风暴加强，沙丘会不断变化，不知不觉将你埋住。要在沙尘暴来临之前停止前进，记住或做好前进方向的标志，背向风暴或伏在地上。沙的堆积速度一般较慢，不必担心自己会被埋住。沙尘暴中骆驼的作用非常大，可以让骆驼卧倒，趴在驼背背风的一侧是绝对安全的。

在户外要带好防护眼镜及口罩，或用纱巾罩在面部，并将衣领和袖口系好。行走在马路上要注意观察交通情况，能见度低时，骑自行车者应下车推行。在野外要远离围墙、危房、护栏、广告牌匾及高大树木，尽量避开施工工地。在家中要关闭好门窗，并将门窗的缝隙用胶带封好。老人、孩子及患者尽量待在家中不要外出。屋里能见度低时，应及时照明，以免发生碰撞事故。平时准备好口罩、风镜等防尘物品，以备急用。

（3）雾霾天的防护与自救

近年来，由于环境恶化和城市人口的增长，雾霾天气越来越常见。而雾霾会对健康产生直接危害，包括对神经系统、心血管系统、呼吸系统、内分泌系统等方面的损害。防范"霾灾"也成为现代人必须面对的问题。PM2.5对身体健康的伤害很大，不注意防范，肯定会受到侵害。雾霾天易发生咳嗽，就是因为呼吸系统遭受到侵害。呼吸系统与外界环境接触最频繁，且接触面积较大，数百种大气颗粒物能直接进入并黏附在人体上下呼吸道和肺叶中，并且大部分会被人体吸入。而且这些细微的颗粒物会"带着"细菌、病毒，来到呼吸系统的深处，造成感染。要减少雾霾天气对人体的危害，须采取以下自我防护措施：

一是雾霾天尽量少开窗，减少户外活动。回家后及时清洗口鼻及裸露部位皮肤。

二是外出时务必戴口罩。口罩每次佩戴后，必须进行佩戴气密性检查。双手捂住口罩呼气，若感觉有气体从鼻夹处漏出，应重新调整鼻夹，若感觉气体从口罩两侧漏出，需要进一步调整头带、耳带位置；如果还不能密合，则需要更换口罩型号。佩戴口罩前以及摘下口罩前后都要洗手；口罩有颜色的一面向外，有金属片的一边向上；口罩应完全覆盖口鼻和下巴；把口罩上的金属片沿鼻梁两侧按紧，使口罩紧贴面部。佩戴口罩后，应避免触摸口罩；若必须触摸，在触摸前后都要彻底洗手。

三是使用空气净化器，改善室内空气质量。雾霾天在家也要适当通风换气。因为家里会有厨房油烟污染、家具污染、洗涤化学用品污染等，如不通风换气，污浊的室内空气同样会危害健康。可以选择中午阳光充足、污染物较少的时间段开窗换气。当然在雾霾严重的情况下尽量少开窗，开窗时应尽量避开早晚雾霾严重的时间，可以将窗户打开一条缝通风，而不要让风直接吹进来。通风时间每次以半小时至一小时为宜。家中用空调取暖的居民，尤其要注意开窗透气，确保室内氧气充足。

四是外出不要戴隐形眼镜。隐形眼镜易使角膜缺氧，而雾霾天气会使角膜缺氧加重，眼干眼涩不舒服；空气中的微小污染物会刺激眼睛，导致眼部过敏、感染。

五是外出时带包湿巾。对皮肤敏感者来说，大气中的颗粒物吸附的病菌和有害物质容易粘在皮肤上，引起过敏症状。外出带包湿巾可随时清洁。

六是注意补充水分。呼吸道黏膜干燥会导致防御功能下降，健康成年人每日应保证饮水2000毫升左右，多喝水可以保持呼吸道湿润。

七是减少室外运动。雾霾天远离马路，去公园做一些舒缓的运动没有问题，但不要剧烈运动，如跑步、打羽毛球等，否则会导致肺活量增加，吸入更多污染物。运动时间不要超过1小时。早晚和傍晚六七点污染比较严重，建议不要选择在这个时间段运动。

7. 干旱、高温、寒潮，解旱情防中暑防冻伤

（1）高温干旱天气自防自护

干旱灾害是指某一地理范围在某一具体时段内的降水量比多年平均降水量显著偏少，导致该地区的经济活动（尤其是农业生产）和人类生活受到较大危害的现象。

在夏季，旱灾往往与高温相伴。旱灾对农作物的影响较大，但对人体的直接伤害却并不明显。倒是高温会带来一系列的不适。所以干旱高温避险主要是防暑降温。

高温是一种灾害性天气，会对人们的工作、生活和身体产生不良影响，容易使人疲劳、烦躁和发怒，各类事故相对增多，甚至犯罪率也会上升。同时，高温时期是脑血管病、心脏病和呼吸道等疾病的多发期，死亡率相应增高，特别是老年人的死亡率增高更为明显。

高温指气温等于或大于35℃，如果超过37℃以上则称为酷暑。如果气温达到或超过35℃，气象部门会发布高温预警信号。预测到35.0~36.9℃为高温黄色预警信号，预测到37.0~39.9℃为高温橙色预警信号，预测到达到或超过40.0℃为高温红色预警信号。据测定，当气温在35~39.9℃时，人就会感到奇热；当气温高于40℃时，人们就感觉到酷热难当。人体的正常温度是36℃至37℃。炎热天气持续的时间过长，会给肌体的正常活动带来严重危害，需要特别注意防暑降温。

高温及中暑预防主要措施如下。

白天尽量避免或减少户外活动，尤其是10~16时不要在烈日下外出运动和劳动。少去闷热的公共场所，早晚多散步。

中午应午休1小时。睡觉时不要躺在空调的出风口或者电风扇下。空调温度不宜太低。

不宜在阳台、树下或露天睡觉，适当晚睡早起，中午宜午睡。

室内多通风，保持室内空气流通，尽量不要在人口密集的地方逗留。室内可以洒水降温。空调温度应控制在26℃~28℃，室内外温差不要超过8℃。空调运作时，尽量避免送风口冷风直接吹着头部或长时间对着身体某一部位吹。定时打开门窗，通风换气。

高温天气出行最好穿浅色服装，尽量穿棉、麻、丝类的衣服，少穿化纤类服装，以免大量出汗时不能及时散热。还应戴上太阳帽，减少紫外线照射。活动时段应提早或安排在下午三四点钟以后，避开中午的高温时段。室外劳动时应戴上草帽，穿浅色衣服，并且应备有饮用水和防暑药品，如感到头晕不舒服应立即停止劳动，到阴凉处休息。浑身大汗时，不宜立即用冷水洗澡，应先擦干汗水，稍事休息后再用温水洗澡。避免皮肤被蚊虫咬伤、开水烫伤等，预防因气温高、细菌繁殖加快而造成的感染。

注意饮食卫生。要多饮水，每日补充2000毫升以上的水，以温淡盐开水或茶水为主，兼食瓜果和新鲜蔬菜。多喝凉开水、白菊花水、绿豆汤等防暑饮品。出汗较多时可适当补充一些盐水，以弥补人体因出汗而失去的盐分。不要等口渴了才喝水，一定要定时补充水分。每天在清晨起床后、上午10点左右、下午3~4点、晚上就寝前这四个"最佳饮水时间"饮用一两杯白开水。多吃清淡、消热、防暑、敛汗、增进食欲的食品，适量吃些瘦肉、鱼、鸡蛋等营养丰富的食物，少吃辛辣和油腻的食品。

要静心度夏，遇事戒躁忌怒，安心调养，怡然自得。家庭配备一些防暑药，如十滴水、仁丹、清凉油、风油精、藿香正气水等。

要提高防范中风的意识。少食多餐，切忌过饱过腻，以防胃肠道消化食物时与大脑争血,增加脑缺血性中风的机会。凡有心脑血管疾病、糖尿病者,应坚持服药,一旦出现心慌气短、头昏眼花、手足不灵、走路不稳、精神萎靡等症状,应及时就医。

(2) 中暑后的急救和自救

中暑是指长时间暴露在高温环境中、或在炎热环境中进行体力活动引起机体体温调节功能紊乱所致的一组临床综合征,以高热、皮肤干燥以及中枢神经系统症状为特征。核心体温达41℃是预后严重不良的指征,体温超过40℃的严重中暑病死率为41.7%,若超过42℃,病死率为81.3%。所以急救是挽回生命的重要手段,一旦发现中暑,就一定要积极救助。

(3) 冷冻天气的自我防护

寒潮是指冬半年来自极地或寒带的寒冷空气,像潮水一样大规模地向中、低纬度的侵袭活动。

寒潮袭击时会造成气温急剧下降,并伴有大风和雨雪天气。对工农业生产、群众生活和人体健康等都有较为严重的影响。因为寒潮往往造成急剧降温,常伴有大风、雨、雪天气,会出现冰冻、沙尘暴、暴风雪天气,对农牧业和交通运输造成严重危害,还会损害人们的健康,引发冻伤以及呼吸道、心血管疾病等。特别要注意防范冻伤、感冒等。

收到寒潮预警以后,要注意添衣保暖,采取一定的防寒和防风措施;把门窗、围板、棚架、临时搭建物等易被大风吹动的搭建物加紧固定,妥善安置易受寒潮大风影响的室外物品;船舶应到避风场所避风。通知高空、水上等户外作业人员停止作业;留意有关媒体报道大风降温的最新信息,以便采取进一步措施。生产上做好对寒潮大风天气的防御准备。

冬天还有一种天气,也要注意做好防护,这就是冻雨天气。冻雨是由冰水混合物组成,与温度低于0℃的物体碰撞立即冻结的降水。这种雨从天空落下时是低于0℃的过冷水滴,在碰到树枝、电线、枯草或其他地上物时,就会在这些物体上冻结成外表光滑、晶莹透明的一层冰壳。有时边冻边淌，像一条条冰柱。这种冰层在气象学上又称为"雨凇"。下冻雨时要做好以下防护。

尽量避免外出，如必须外出则应当换上鞋底防滑的鞋。越硬的鞋底越容易摔跤，打鞋掌可以帮助防滑，千万别穿超过 6 厘米鞋跟的鞋子。

在过马路、天桥、地下通道时应当格外小心，防止无意间滑倒。不要走在房檐上结有冰凌的下面，防止被冰凌刺伤。尽量不要骑自行车外出。如必须骑自行车外出则应当放掉车胎少量气体，以增大与路面的摩擦面积。

开车时，应当减速缓行，尤其是在路口、桥区等交通流量大的路段行驶时更应减速缓行。

8. 大雾、冰雹和雷暴天，及早做好预防

（1）大雾天气的防护要点

大雾是指由于近地层空气中悬浮的无数小水滴或小冰晶造成水平能见度不足 500 米的一种天气现象。大雾天气会给城市交通带来严重影响，容易造成交通事故，也会给健康带来一定的影响。所以雾天也要做好防护。

雾天尽量不要外出，必须外出时，要戴上口罩，防止吸入有毒气体。尽量少在雾中活动，不要在雾中锻炼身体。穿越马路要当心，应看清来往车辆。

大雾天气，应尽量避免出行，有紧要事务处理时，要提高警惕，乘车（船）不要争先恐后，遇渡轮停航时，不要拥挤在渡口处。

开车出行时一定要减速慢行，控制好车速、车距。在高速公路上行驶的车辆，遇大雾天气、能见度过低时，应立即减速慢行，并将车驶向最近的停车场或服务区停放。

雾天出车前记得全面检查车辆的灯光装置，遵守灯光使用规定：打开雾灯、尾灯、示宽灯和近光灯，充分利用灯光提高能见度。雾天会车时，需关闭防雾灯，以免给对方造成炫目感。需要特别提醒的是，雾天行驶不要使用远光灯，这是因为远光光轴偏上，射出的光线被雾气漫反射，会在车前形成白茫茫一片，开车时反而什么都看不见了。

遇到大雾时，挡风玻璃上凝结的水汽会使驾驶者视线受损，还会使对面来车射出的灯光显得特别耀眼，因此行驶中要勤用雨刷刷去水汽，以提高视线的清晰度。

雾天视线不好，勤按喇叭可以帮您起到警告行人和车辆的作用，当听到其他车的喇叭声，应当立刻鸣笛回应，示意自己车的位置。

雾天最好不要超车，发现前方车辆靠右边停驶时，不可盲目绕行，要考虑到此车是否在等让对面来车；超越路边停放的车辆时，要在确认其没有起步的意图而对面又无来车后，适时鸣喇叭，从左侧低速绕过。最好不要沿着路边行驶，因为在路边临时停车、等待雾散的人也是行车安全的重要隐患。

（2）冰雹天气的自防自救

冰雹是极端天气的产物，往往来势凶猛而迅疾，但造成的损失却是十分严重的，往往会导致农作物失收，房屋、牲畜受损。如果不注意防范，人在户外时更会受到严重伤害。所以也要注意防范。

最重要的就是要冰雹时不要待在户外。有冰雹预报时户外作业人员一定要暂停作业，到室内安全地方暂避。如在室外，应用雨具或其他代用品保护头部，并尽快转移到室内，避免砸伤。

如果突然遇到冰雹的袭击，一定要保持镇静，迅速寻找遮挡物。比如躲进室内、公交站牌下等，粗壮的大树下也可以暂时躲避。如果附近什么也没有，应该采取户外安全避险姿势：半蹲在地，双手抱头，全力保护头部、胸与腹部不受到袭击。如果随身携带有包、文件夹，可以临时放在头顶，使危害减少到最低。

因为下冰雹时往往伴随着大风，所以在蹲下之前应先看下四周是否有容易掉落的危险物品，如果有的话应立即转移地方，以免被掉落的东西砸到。要远离窗户、天窗等玻璃制品，因为冰雹会以某种特定角度降落，因此可能会砸碎玻璃，从而造成身体损伤。

如果下冰雹时伴随着雷电，这时候不应躲在树下或者电线杆旁，以免被雷击中。躲避时要远离照明线路、高压电线和变压器，以防发生触电的严重后果。

如果在开车途中遭遇冰雹，要把车靠边停下。注意停靠车辆时，不要把车停在大树旁，或是有大型物体可能掉落的区域，以防砸到。最好把车停放到车库里，以免冰雹把挡风玻璃砸坏。虽然下冰雹时车内声响会很大，但不要着急下车，以防被砸伤。

要是被冰雹砸伤了，应暂时用冰雹对受伤部位进行冷敷止血，然后迅速前往医院治疗。

（3）雷击雷暴天气的防范

室内防雷注意不能停留在建筑物的楼（屋）面上。雷打出头物，站在楼顶极易遭到雷击。所以不要急着去楼顶收衣服或是干其他的事情，务必等雷电过去后再做。

要注意关闭门窗，预防侧击雷和球雷的侵入。如果不能阻止球雷（球状闪电）入室，引起的后果是很严重的。球雷直径一般为几厘米至几十厘米，发出红色、黄色或蓝色的光，像一团火球，故被称作球雷。一般以每秒几米的速度离地面数米高度作水平运动，也有呈跳跃运动，其有巨大的能量，能产生很大的破坏。大多数球雷能沿建筑物的烟囱、窗户、门进入室内，在室内运动数秒钟便逸出，也有从普通民房的瓦面逸出时引起爆炸的现象。防雷专家认为，球雷运动与空气运动方向有关，故关闭门、窗，阻隔空气运动途径，就可能阻止球雷入室。

打雷时不宜使用花洒冲凉。因为万一建筑物发生直击现象时，巨大的雷电流有可能沿着水流导致淋浴者遭雷击伤亡。同时也不要去触摸水管、管道煤气的煤气管等金属管道。因为当这些金属体接地不良时，雷电流有时会以这些导体通过空气向人体放电。

不宜靠近建筑物的外墙以及电气设备。打雷时，应停留在离电力线以及跟它们相连接的电气设备1米以上距离的地方，防止伤害。

如果打雷时在户外，则需特别注意以下几点。

一是不要停留在高楼平台上，在户外空旷处不宜进入孤立的棚屋、岗亭等。二要远离建筑物外露的水管、煤气管等金属物体及电力设备。三是不要在大树下躲避雷雨。如万不得已，则须与树干保持3米距离，下蹲并双腿靠拢。如果在雷电交加时，头、颈、手处有蚂蚁爬走感，头发竖起，说明将发生雷击，应赶紧趴在地上，这样可以减少遭雷击的危险，并摘去身上佩戴的金属饰品和发卡、项链等。

如果来不及离开高大物体时，应马上找些干燥的绝缘物放在地上，并将双脚合拢坐在上面，切勿将脚放在绝缘物以外的地面上，因为水能导电。

在户外躲避雷雨时，应注意不要用手撑地，同时双手抱膝，胸口紧贴膝盖，尽量低下头，因为头部较之身体其他部位最易遭到雷击。

当在户外看见闪电几秒钟内就听见雷声时，说明正处于近雷暴的危险环境，此时应停止行走，两脚并拢并立即下蹲，不要与人拉在一起，最好使用塑料雨具、雨衣等。

在雷雨天气中，不宜在旷野中打伞，或高举羽毛球拍、高尔夫球棍、锄头等；不宜进行户外球类运动，雷暴天气进行高尔夫球、足球等运动是非常危险的；不宜在水面和水边停留；不宜在河边洗衣服、钓鱼、游泳、玩耍。

在雷雨天气中，不宜快速开摩托、快骑自行车和在雨中狂奔，因为身体的跨步越大，电压就越大，也越容易伤人。

如果在户外看到高压线遭雷击断裂，应提高警惕，因为高压线断点附近存在跨步电压，身处附近的人此时千万不要跑动，而应双脚并拢，跳离现场。

第三章

重视消防安全，掌握火场逃生方法和技巧

除了自然灾害，火灾事故是对安全最大的威胁之一。俗话说"水火无情"，火灾事故极易造成人员伤亡和财产损失，因而必须重视做好消防安全防范工作，并掌握火场逃生技巧，关键时刻逃生自救，保全生命。

1. 火灾无情，事故发生一切成空

俗话说："水火无情"，特别是火灾，更加无情，一旦起火发生火灾，就一定会造成不同程度的生命和财产损失，严重时几乎可以毁灭一切，不管多少财富，都会瞬间成空。即便是在科技如此发达的网络时代，火灾依然是人们安全生活的重大威胁之一，我们依然不能完全控制火灾，不能挽回火灾带来的损失和伤害。火灾并没有因为科技的高度发达而被杜绝，相反，现代城市的高度集中和现代工业的巨大规模，使现代火灾造成的危害更加触目惊心，更加惨不忍睹，更加难以挽回。这些惨剧每年都有发生。

2012年6月30日，位于天津市蓟县城关镇文安街中昌北路的莱德商厦因库房空调电线短路引起火灾，造成10人死亡、16人受伤。

2012年11月23日，山西省晋中市寿阳县喜羊羊火锅店因液化气泄漏引起爆炸燃烧，造成顾客、服务员等14人遇难、47人受伤。

2013年6月3日，位于吉林省德惠市沙子镇的吉林宝源丰禽业有限公司因电线短路引燃可燃物，高温导致液氨设备和管线发生物理爆炸，氨气泄漏介入燃烧，造成121人死亡、76人受伤。

2013年11月19日，北京市朝阳区小武基村市场汽配仓库因员工违章使用"热得快"引发火灾。市场内工作车间、仓库、宿

第三章
重视消防安全，掌握火场逃生方法和技巧

舍消防管理混乱，易可燃货物多，消防通道严重不足。火灾蔓延迅速，造成12死亡、4人受伤。

2013年12月11日，广东省深圳市光明新区根竹园社区荣健农副产品批发市场因电源线短路引起火灾，造成16人死亡、5人受伤，直接经济损失1781.2万元。

2014年1月11日，云南省迪庆藏族自治州香格里拉县独克宗古城因"如意客栈"经营者取暖不当引燃可燃物，火烧连营。烧损、拆除房屋约59980平方米，直接损失8983.93万元，幸无人员伤亡。

2014年1月14日下午，位于浙江省温岭市杨家渭村的台州大东鞋业有限公司因电气线路故障，引燃周围鞋盒等可燃物引发火灾，造成16人死亡、5人受伤。

2014年12月15日，河南省长垣县皇冠KTV因罐装空气清新剂受电热器烘烤发生爆燃引发火灾，造成12人死亡、28人受伤。

2015年5月25日晚7时55分，河南省平顶山市鲁山县一家名为康乐园的老年公寓（民办）发生火灾，造成39人死亡，6人受伤。

2015年12月17日下午，位于辽宁葫芦岛市的连山钼业集团兴利矿业有限公司因副井电焊起火引发火灾。17人经抢救无效死亡。

无情的大火、燃烧的画面，人员伤亡、财产损失、满目废墟、一片焦土……惨烈的场面，冰冷的数字，绝望的泪水，无助的哭喊……这就是火灾留给我们的记忆，这是火灾带给我们的无法愈合的伤痛，更是火灾给我们造成的巨大损失。

火灾无情，一旦事故发生，一切都将归零。所以，不论任何时候我们都要提高消防安全意识，防范火灾发生。

2. 重视防火防灾，合理安放灭火器

灭火器是指在内部压力作用下，将充装的灭火剂喷出，以扑灭火灾的器材。灭火器主要用来扑救初起火灾，是常备的器材，它的灭火效力虽然赶不上现代大型灭火器械的灭火效力，但它是灭火器械的基础，是扑救初期火灾的常用灭火工具。要预防火灾、及时有效地扑灭一些初起的小火情，灭火器是必不可少，而且是至为重要的。如果不及早预备好灭火器，一旦发生火灾，就无法有效控制火情，只能任由灾情扩大，损失扩大，这是非常可怕的。所以不管单位还是家庭，都需要配备灭火器。而且要严格按照消防管理规范，合理安放。具体使用方法如下。

①位置明显：灭火器应设置在明显易见的处所或经常有人走过的位置，如走廊、楼梯和门厅附近等。

②便于取用：灭火器设置点附近不得堆放物品，以免影响灭火器的取用；灭火器固定件或灭火器箱均不得造成取用灭火器的困难。

③不影响安全疏散：灭火器的设置，特别是停放推车式灭火器的位置，不得占用或阻塞疏散通道，不得影响人员的安全疏散。墙式灭火器箱的箱门打开时，也不得阻挡人员安全疏散。

④特别标记：对有视线障碍的灭火器设置点，应设置指示其位置的发光标志。

⑤灭火器的摆放应稳固，其铭牌应朝外。手提式灭火器宜设置在灭火

器箱内或挂钩、托架上，其顶部离地面高度不应大于1.50米；底部离地面高度不宜小于0.08米。灭火器箱不得上锁。

⑥灭火器不宜设置在潮湿或强腐蚀性的地点。当必须设置时，应有相应的保护措施。灭火器设置在室外时，应有相应的保护措施。灭火器不得设置在超出其使用温度范围的地点。

手提式灭火器的设置方式有挂钩、托架、灭火器箱三种。手提式灭火器无论设置在挂钩、托架上还是放置在灭火器箱内，其顶部与地面的高度不应高于1.5米，底部离地面的高度不应小于0.15米；推车式灭火器应设置在水平地面上。灭火器在设置稳妥后其铭牌应朝外，以便人们能方便地阅读铭牌上的说明，了解灭火器的性能、用途和使用方法。

灭火器不应放置在潮湿或强腐蚀性的地点，放置时，应有相应的保护措施；放置在室外时应有保护措施，不得直接遭受风吹、雨淋和日光暴晒；放置点的环境温度不得超出灭火器的使用温度范围。根据灭火剂的性能特点，通常灭火器放置地点的环境温度最高不得超过55℃；清水和泡沫等灭火剂含水的灭火器放置环境不宜低于4℃，干粉和卤代烷灭火器不宜低于-20℃，二氧化碳灭火器不宜低于-10℃。

一个计算单元内配置的灭火器数量不得少于2具。每个设置点的灭火器数量不宜多于5具。当住宅楼每层的公共部位建筑面积超过100平方米时，应配置1具1A的手提式灭火器；每增加100平方米时，增配1具1A的手提式灭火器。注意防止被水浸渍和受潮生锈。

一般家庭中除了灭火器，还应当配备一些必要的消防器材，这些消防器材如下。

①灭火毯。灭火毯是由玻璃纤维等材料经过特殊处理编织而成的织物，能起到隔离热源及火焰的作用，可用于扑灭油锅火或者披覆在身上

逃生。

②消防过滤式自救呼吸器。消防过滤式自救呼吸器是防止火场有毒气体侵入呼吸道的个人防护用品，由防护头罩、过滤装置和面罩组成，可用于火场浓烟环境下的逃生自救。

③救生缓降器。救生缓降器是供人员随绳索靠自重从高处缓慢下降的紧急逃生装置，主要由绳索、安全带、安全钩、绳索卷盘等组成，可往复使用。

④带声光报警功能的强光手电。带声光报警功能的强光手电具有火灾应急照明和紧急呼救功能，可用于火场浓烟以及黑暗环境下人员疏散照明和发出声光呼救信号。

每一个家庭可以根据家庭成员数量、建筑安全疏散条件等状况适量选购上述或者其他消防器材，并仔细阅读使用说明，熟练掌握使用方法。

3. 发现火情迅速报警，及时扑救

《中华人民共和国消防法》第44条规定，任何人发现火灾都应当立即报警。任何单位、个人都应当无偿为报警提供便利，不得阻拦报警，同时严禁谎报火警。

发现火情及时报警，是每一个公民的义务，利国利民。在火灾发生时，及时报警极为重要，对于迅速扑救火灾、减少火灾损失都具有重要的作用。所以一旦失火，要立即报警，报警越早，损失越小。

从发生的火灾案例看，有些火灾就因为延误了报警，致使错过了扑救火灾的最佳时机，因此，每一个公民都应掌握正确的报警方法。火灾现场是一个千变万化，有着强烈刺激的特殊环境，早一分钟报警，专业消防队就会早一分钟来到现场，快速进行扑救工作，能有效地扑救火灾，减少生命财产损失，挽救生命。

那么，怎样正确、快速、有效地报警呢？

(1) 正确报告火警的方法

除装有自动报警系统的单位可以自动报警外，其他单位或个人根据条件分别采取以下方法报警。

一是向单位和周围的人群报警。可以使用手动报警设备报警。如使用电话、警铃、汽笛、敲钟或其他平时约定的报警手段报警；或派人到本单位（地区）的专职消防队报警；有广播的地方可以使用广播报警。农村没有报警设备的可以使用敲锣、大声呼喊等方法报警。

二是向公安消防机关报警。最有效的当然是直接拨打"119"火警电话向公安消防队报警。119属于紧急电话号码，用手机拨打的话不论手机是否有信号、是否有钱都能拨打出去。要形成条件反射，看到火情立即拨打，不要有任何犹豫。

没有电话且离消防队较近时，可骑自行车到消防队报警。总之，不管什么方法，要因地制宜，牢记"最快"的原则，迅速将火警报告出去。

(2) 正确报告火警的内容

在拨打火警电话向公安消防队报火警时，必须讲清以下内容。

一是发生火灾的单位或个人的详细地址。包括街道名称，门牌号码，靠近何处；农村发生火灾要讲明县、乡（镇）、村庄名称；大型企业要讲明分厂、车间或部门；高层建筑要讲明第几层等。总之，地址要讲得明确、具体。

二是起火物是什么，是房屋、商店、油库、露天堆放场还是森林、草场、工厂或是田间等；房屋着火最好讲明是何建筑，如棚屋、砖木结构、新式工房、高层建筑等；尤其要注意讲明的是起火物是什么，如液化石油气、汽油、化学试剂、棉花、麦秸等都应讲明白，以便消防部门根据情况派出相应的灭火车辆。

三是讲清现场基本火情。如只见冒烟、有火光、火势猛烈、有多少间房屋着火等。

四是报警人姓名及所用电话的号码。以便消防部门电话联系，了解火场情况。报警之后，还应派人到路口接应消防车。

除了报警，火情刚刚发生时还要积极扑救。初期火情刚起容易扑救，但必须正确运用灭火方法，合理使用灭火器材和灭火剂，才能奏效。否则就有可能事倍功半，甚至贻误最佳灭火时机。

2014年12月15日河南省新乡市长垣县皇冠KTV发生的火灾便是这种情况。事后从录像上看，当时吧台的清香剂起火后，现场员工根本不懂得如何灭火，只是用脚和衣服去扑打火焰，却没有去两米远的地方拿起灭火器来扑火。要是能立刻拿起灭火器扑灭明火，也许火灾就不会扩大蔓延，那么多无辜的生命也不会逝去。初步调查显示，该起火灾过火面积仅50平方米，火灾中的死伤者周身少有被火烧伤痕迹，大多数人都是吸入浓烟被呛死的。

所以，一定要掌握灭火方法，在火灾初起还能控制的时候及时控制，不让火势扩大，从而最大可能地减少损失和伤亡。

一是迅速启用灭火设施。迅速扑灭初起火灾是防止火势蔓延的关键。火灾初起时火势小、燃烧面积尚未扩大，内部义务及专职消防人员应抓住战机利用移动式、手提式消防设施如灭火器等，和按动室内消火栓出枪射水，并看准时机启用公共建筑内其他固定灭火设施控制火势蔓延或扑灭初期火灾。

二是发挥内部消防设施的作用。应迅速按防火放烟分区要求，开启防排烟装置排烟，适时关闭防火门，落下防火卷帘尽量使火势不突破防火、防烟分区，启动自动、固定灭火装置灭火。取下备用的手提式灭火器及时灭火；迅速启动消防泵，向着火楼层供水，使用室内消火栓或水喉灭火；在防火分区内着火房间上下层布置水枪阵地，防止火势垂直蔓延。

在灭火的同时，要及时启动送风排烟设备，及时排除着火层以上各层的烟雾；对楼梯间要保持正压送风；降下防烟卷帘、活动挡烟垂壁，关闭竖井门，防止烟气扩散；设有水幕设备的，要启动喷洒设备，增加阻止烟火的效果。把处于或可能受到烟火威胁的易燃易爆物品，迅速转移到安全地带，并派人看管。

经过这样的处理，火情会得到初步有效的控制，人员和财产损失也会减到最低。

4. 火灾扩大，及时安全疏散

如果初起火情扑灭有限，无法控制火情的蔓延扩大，确认火灾已经发生，应迅速向119报警，并应立即组织人员参照疏散预案，迅速组织疏散。

单位发生火灾时要由单位领导、安全保卫人员及公安消防部门共同研究，制定组织疏散方案并确定分工。如广播组、照明组、内部疏散引导组、外部疏散引导组及警戒救护组等，开始进行有序人员疏散工作，组织人员逃生。

(1) 选择正确的疏散路线

一般来说选择最短的直通室外的通道、出口；尽量避免对面人流和交叉人流；选择有新鲜空气的通道出口；选择直接通往疏散楼梯间的通道出口。

(2) 组织人员疏散

按人员的分布情况，制订在火灾等紧急情况下的安全疏散路线，并绘制平面图，用醒目的箭头标示出入口和疏散路线。路线要尽量简捷，安全出口的利用率要平均。对工作人员要明确分工，平时要进行训练，以便火灾时按疏散计划组织人流有秩序地进行疏散。

工作人员应坚守岗位，并保证安全走道、楼梯和出口畅通无阻。安全出口不得锁闭，通道不得堆放有碍安全疏散的物资。组织疏散时应进行宣传，稳定情绪，使大家能够积极配合，按指定路线尽快将在场人员疏散出去。

安全疏散时要维持好秩序，注意不要互相拥挤，要扶老携幼，要帮助残疾人和行动不便的人一道撤离火场。疏散时人员较多或能见度很差时，应安排熟悉疏散通道的人员带领大家顺序撤离起火点。带领人可用绳子牵领，用"跟着我"的喊话或前后扯着衣襟的方法将人员撤至室外或安全地点。

安全疏散

如果发生断电事故，营业单位应立即启用平时备好的事故照明设施或使用手电筒、电池灯等照明器具，以引导疏散。

单位负责安全的管理人员在人员撤离后应清理现场，防止有人在慌乱中采取躲藏起来的办法而发生意外事故。单位内的医护人员要对疏散出来的伤员进行及时护理，对重伤者进行初步处理后，应立即送往医院抢救。

对于大楼外围，大楼入口处，着火层下层及进入着火楼层的通道都要进行认真警戒，确保灭火救援工作顺利进行。火场上脱离险境的人员，往往因某种心理原因的驱使，情绪不稳定，要安排专人照顾好情绪不稳的脱险人员，做好安慰工作，以保证他们的安全。

除了引导人员疏散迅速逃生外，对于火场上一些特殊的物资也需要及时疏散。如那些可能扩大火势和有爆炸危险的物资。像起火点附近的汽油、柴油油桶，充装气体的钢瓶以及其他易燃、易爆和有毒的物品。

还有一些性质重要、价值昂贵的物资如档案资料、高级仪器、珍贵文物以及经济价值大的原料、产品、设备和一些影响灭火的物资，都需要及时疏散出去，以保证扑救工作顺利高效地进行。

5. 在家中被火围困时的逃生方法

当家中失火或者邻居家起火时，上策是想尽办法，尽一切可能逃到屋外，远离火场，保全自己。切不可因收拾财物而耽误了逃生的机会。

如果住的是低层平房，门的周围火势不大，应迅速离开火场。如门口火势过大，则必须另行选择出口脱身（如从窗口跳出），或者采取保护措施（如用水淋湿衣服、用温湿的棉被包住头部和上身等）后再离开火场。

身处楼房的，发现火情不要盲目打开门窗，否则有可能引火入室。不要盲目乱跑、更不要跳楼逃生，这样会造成不应有的伤亡。可以躲到居室里或者阳台上，紧闭门窗，隔断火路，等待救援。有条件的，可以不断向门窗上浇水降温，以延缓火势蔓延。在失火的楼房内，逃生不可使用电梯，应通过防火通道走楼梯脱险。因为失火后电梯竖井往往成为烟火的通道，并且电梯随时可能发生故障。因火势太猛，必须从楼房内逃生的，可以从二层处跳下，但要选择不坚硬的地面，同时应从楼上先扔下被褥等增加地面的缓冲，然后再顺窗滑下，要尽量缩小下落高度，做到双脚先落地。在有把握的情况下、可以将绳索（也可用床单等撕开连接起来）一头系在窗框上，然后顺绳索滑落到地面。逃生时，尽量采取保护措施，如用湿毛巾捂住口鼻、用湿衣物包裹身体。

火灾发生时，常会产生对人体有毒有害的气体，所以要预防烟毒，应尽量选择上风处停留或以湿的毛巾或口罩保护口、鼻及眼睛，避免有毒有害烟气侵害。下面这些小窍门更有利于科学逃生。

开门之时，先用手背碰一下门把。如果门把烫手，或门缝有烟冒进来，切勿开门。用手背先碰是因金属门把传热比门框快，手背一感到热就会马上缩开。

若门把不烫手，则可打开一道缝以观察可否出去。同时用脚抵住门下方，防止热气流把门冲开。

出门后弯腰前行，浓烟从上往下扩散，在近地面0.9米左右，浓烟稀薄，呼吸较容易，视野也较清晰。如果出口堵塞了，则要试看打开窗或走到阳台上，走出阳台时随手关好阳台门。

睡眠中突然发现起火，不要惊慌，应趴在地上匍匐前进，因靠近地面处会有残留的新鲜空气。注意不要大口喘气，呼吸要细小。如携婴儿撤离，可用湿布蒙住婴儿的脸，用手挟着，快跑或爬行而出。

如果楼层不太高，可以把被子、毛毯或褥子用水淋湿裹住身体，用绳索（用床单、窗帘撕成布条代替）一端系统于门、窗、管道或其他牢靠的固定物体上，另一端系住老人、小孩的两肋和腹部，将其沿窗放至地面，其他人可沿绳滑下。

楼层离地不太高，落点又不是硬地，可抓住窗沿悬身窗外伸直双臂以缩短与地面之间的距离。这样做虽然可能造成肢体的扭伤和骨折，但这毕竟是主动求生。在跳下前，先松开一只手，用这只手及双脚撑一撑离开墙面跳下。在确实无其他办法时，才可从高处跳下。还可以把被子、床垫或其他软一些的东西先扔到楼下，然后自己再跳，保障安全。如果所处楼层超过三楼，最好还是另想他法，不可盲目往下跳。

如果要破窗逃生，可用顺手抓到的东西（较硬之物）砸碎玻璃，把窗口碎玻璃片弄干净后，顺窗口逃生。如无计可施则关上房门，打开窗户，大声呼救。如果在阳台求救，应先关好后面的门窗。

如没有阳台，则一面等候援救，一面设法阻止火势蔓延。可用湿布堵住门窗缝隙，或向木质家具及门窗沙发等泼水，以阻止浓烟和火焰进入房间。

相邻单元的阳台相互连通的，可折破分隔物，进入另一单元逃生。无连通阳台但阳台相距较近时，可将室内床板或门板置于阳台之间，搭桥通过。

如果火势封闭了通道，人员可先疏散至离火势最远的房间内，争取时间、准备逃生器具，利用窗口，安全逃生。

房间外墙壁上有落水管或供水管道时，有能力的人，可以利用管道逃生，这种方法一般不适用于妇女、老人和儿童。

一般建筑物都会有两条以上的逃生楼梯，高层着火时，要尽量往下面跑；别乘电梯，由高层建筑的供电系统在火灾发生时随时会断电，乘坐电梯就会被关在里面，直接威胁到人的生命；身上一旦着火，而手边又没有水或灭火器时，千万不要跑或用手拍打，必须立即设法脱掉衣服，或就地打滚，压灭火苗；可靠墙躲避，消防人员进入室内时，都是沿墙壁摸索前进的，所以当被烟气熏得失去自救能力时，应努力滚向墙边或者门口；不要跳楼，如果被困于楼层较低（三层以下）位置，逃生时可将室内床垫、被子等软物抛到楼底，再从窗口跳至软物上逃生，或是把床单、窗帘、地毯等接成绳,进行滑绳自救。处于较高层时,不能盲目跳楼,要将自己充分暴露在易被发现的地方,等待救援。

逃生时,尽量低姿势前进,不要做深呼吸,并尽可能用湿毛巾或衣服捂住口鼻,以防烟雾进入呼吸道。逃离地下建筑后,不论什么情况都不得重返地下。万一疏散通道被阻断,应利用现有器材积极扑救,并尽量想办法延长生存时间,等待救援。

6. 公共场所发生火灾时的逃生方法

(1) 商场(集贸市场)火灾的逃生方法

商场(集贸市场)可燃物多,人员密度大,火灾危险性很大,一旦发生火灾,扑救难度大,人员疏散困难,易造成重大的人员伤亡,所以逃生自救至关重要。商场(集贸市场)火灾逃生有如下方法。

①熟悉所处环境。走进商场等不熟悉的环境,应留心看一看太平门、楼梯、安全出口的位置,以及灭火器、消火栓、报警器的位置,以便有火警时及时逃出危险区或将初起火灾及时扑灭,并在被围困的情况下及时向外报警求救。只有养成这样的好习惯,才能有备无患。

②利用疏散通道逃生。主要是利用商场设定的室内楼梯、室外楼梯或消防电梯等,尤其是在初起火灾阶段,要及时利用这些通道逃生。

③自制器材逃生。主要是利用一切可以利用物品来作自我保护、开辟疏散通道。

④利用建筑物逃生。即利用落水管、室外突出部位,各类门、窗以及

避雷网（线），进行逃生或转移。

⑤寻找避难处所逃生。如到室外阳台、楼层平台等待救援：选择火势、烟雾难以进入的房间，关好门窗，堵塞间隙，或浇湿可燃物，阻止或减缓火势和烟雾的蔓延。无论白天或夜晚，被困者应不断发出各种呼救信号，以引起救援人员注意。

⑥被困人员要克服盲目从众心理，听从工作人员的指挥，有序疏散，切忌互相拥挤、乱跑乱窜。

⑦增强日常消防安全意识。进入商场（市场）应该先了解安全出口、疏散通道、楼梯间位置及是否畅通，查看消防栓、缓降机等各项灭火设施及避难层的位置。

（2）医院火灾逃生自救技巧

如果在医院遭遇火灾，不要慌张，要积极行动，不能坐以待毙。要充分利用身边的各种利于逃生的东西，迅速离开火灾现场。如把床单、窗帘、地毯等拧成绳，进行滑绳自救，或用水淋湿墙壁和门阻止火势蔓延等。可利用消防电梯进行疏散逃生，但着火时普通电梯千万不能乘坐；利用室内的防烟楼梯、普通楼梯、封闭楼梯进行逃生；利用建筑物的阳台、走廊、避难层、室内设置的缓降器、救生袋、安全绳等进行逃生；利用观光楼梯避难逃生；利用墙边落水管进行逃生；利用房间床单等物连接起来进行逃生。重病号走消防电梯，其他人员走安全通道。逃生时可用浸泡后的毛巾、口罩捂住口鼻以防烟和毒气。如果被火海围困，应该躲在角落或柜子底下，等待救援。

用各楼层的消防器材，如干粉、泡沫灭火器或水枪扑灭初期火灾是积极的逃生方法。还应互相帮助，共同逃生。对老、弱、病、残、孕妇、儿童及不熟悉环境的人要引导疏散，帮助逃生。同时，重病患者可以通过呼喊、拨打床头呼叫器引起救援人员注意，使其帮助逃生。

（3）校园火灾逃生技巧

现代教学楼由于楼层逐渐增高，结构越来越复杂，学生密度大，加上课桌、课椅等可燃物较多，发生火灾时逃离比较困难。老师一定要做好疏散工作，按照平时演练的顺序组织学生和老师有序逃生。

一是发现楼内失火时，切忌慌张、乱跑，要冷静地弄清着火方位，确定风向，并在火势未蔓延前，朝逆风方向快速离开火灾区域。起火时，如果楼道被烟火封死，应立即关闭房门和室内通风孔，防止进烟。随后用湿毛巾捂住口鼻，防止吸入热烟和有毒气体，并将衣服浇湿，以免引火烧身。如果周围实在找不到水，自己或他人的尿水都是救命的"稻草"。如果楼道中只有烟没有火，可在头上套一个较大的透明塑料袋，防止烟气刺激眼睛和吸入呼吸道，并采用弯腰的低姿势，逃离烟火区。如果楼层不高，可以在老师的保护和组织下，用绳子从窗口降到安全地区。

二是切忌乱跑、乱跳，也不要乘电梯。因为电梯随时可能发生故障或被火烧坏，应沿防火安全疏散楼梯朝底楼跑。如果中途防火楼梯被堵死，应立即返回屋顶平台，并呼救求援，也可以将楼梯间的窗户玻璃打破，向外高声呼救，让救援人员知道你的确切位置，以便营救。

（4）影剧院火灾的逃生方法

影剧院里，都设有消防疏散通道，并装有门灯、壁灯、脚灯等应急照明设备，用红底白字标有"太平门""出口处"或"非常出口""紧急出口"等标志。一旦发生火灾应根据不同起火部位，选择相应的逃生方法。

当舞台失火时，要远离舞台向放映厅一端靠近，把握时机逃生。当观众厅失火时，可利用舞台、放映厅和观众厅的各个出口逃生。不论何处起火，楼上的观众都要尽快从疏散门由楼梯向外疏散。当放映厅失火时，可利用舞台和观众厅的各个出口逃生。

第三章

此外，影剧院起火还要注意以下几点：一定要听从影剧院工作人员的指挥，切忌互相拥挤、乱跑乱窜，堵塞疏散通道，影响疏散速度。疏散时，人员要尽量靠近承重墙或承重构件部位行止，以防坠物砸伤。特别是在观众厅发生火灾时，不要在剧场中央停留。有些影院安装了应急排风按钮，出现紧急情况时可按压按钮打开通风设备，排出室内有毒气体。还要懂得应急出口大门用力即可撞开。

（5）歌舞厅、KTV 房火灾的逃生方法

由于歌舞厅、KTV 房大多用易燃物装修，一旦发生火灾极易蔓延，并有大量的有毒气体产生，给火场逃生带来了很大的困难。再加上这些场所一般都在晚上营业，进出顾客随意性大、密度大，灯光暗淡，失火时容易造成人员拥挤，发生挤伤、踩伤事故。逃生的方法是：

保持冷静，辨明安全出口方向。只有保持清醒的头脑，明辨安全出口方向和采取一些紧急避难措施，才能掌握主动，减少人员伤亡。

灵活选择多种途径逃生。如歌舞厅设在楼层底层，可直接从门和窗口跳出；若设在二、三楼，可抓住窗口往下滑，让双脚先着地；如果歌舞厅设在高层楼房或地下建筑中，则应参照高层建筑或地下建筑的火灾逃生方法逃生。

如果舞厅逃生通道被大火和浓烟封堵，又一时找不到辅助救生设施时，被困人员只有暂时逃向火势较弱区间，向窗外发出救援信号，等待消防人员营救。

在逃生中要注意防止中毒。可用水打湿衣服捂住口鼻，若一时找不到水，可用饮料代替；逃生行动中，应采用低姿行走，以减少烟气对人体的危害。

（6）公交车发生火灾时的逃生方法

公交车驾乘人员应当学习掌握公交车起火时的逃生技巧，关键时刻引导乘客及时逃生。当发动机着火后，驾驶员应开启中后部车门，让乘客下

车，然后组织乘客用随车灭火器扑灭火焰。如果着火部位在汽车中间，驾驶员应打开前后两头的车门，让乘客有秩序地下车。

在扑救火灾时，驾驶员应重点保护驾驶室和油箱部位。如果火焰小但封住了车门，乘客们可用衣物蒙住头部，从车门冲下。如果车门线路被火烧坏，开启不了，乘客应砸开就近的车窗翻下车。

在火灾中，如果衣服被烧着了，不要惊慌，如果来得及脱下衣服，可以迅速脱下，用脚将火踩灭；如果来不及脱下衣服，可以就地打滚，将火滚灭；如果发现他人身上的衣服着火，可以脱下自己的衣服或用其他织物，将他人身上的火捂灭。切忌衣物着火后乱跑，或用灭火器向着火人身上喷射。

7. 工厂、森林、隧道火灾的逃生方法

（1）工厂火灾的逃生方法

木材加工厂、服装加工厂、仓库等都有大量易燃物品，发生火灾后易迅速蔓延，烟雾很大，不利于逃生，极易发生群死群伤的大事故。所以更需要及时逃生。一般职工对周围环境熟悉，一旦发生火灾要保持头脑清醒，不可惊慌失措。发生火灾时，应立即组织扑灭初起火灾，及时向消防队报警，必要时利用各种疏散通道进行逃生。

工厂空间大，门窗多，可利用就近的门窗逃生。如门窗关闭或锁住，

应立即破拆进行逃生。

利用落水管逃生。如果火灾发生后各通道都被堵住，跳楼也没有生还的把握，那么就选择建筑室外的落水管道下滑逃生。

布匹结绳逃生，将成品布或包装袋连接成长带，一端固定在牢靠的门窗构件上，另一端甩在地面上进行逃生。

利用消防水带逃生。将消防水带连接在消火栓上或将水带固定在其他牢靠的构件上，另一端甩在地面上逃生。若是二、三层楼房着火，可将室内的棉被、衣物抛向墙外的地面，堆在一起，然后顺墙壁滑落在事先抛出的棉被、衣物上。

被困人员若无其他办法逃生，应沿楼梯上到平台，站在比较醒目的位置上进行呼喊，等待救援。

（2）森林火灾中的逃生方法

进入林区或者在郊外发生火灾，应根据现场情况选择逃生的方法。

①寻找安全区。当在森林中被火围困时，首先要找一个安全的地方避火，最好的方法是进入火烧迹地、植被少、火焰低的地区。这些地方一般情况下大火卷不进来。

②点火自救。大火袭来已来不及逃跑时，应迅速把自己周围树木、荒草等可燃物点燃烧尽，形成一片空地，使得火苗不能接近。要选择在比较平坦的地方，一边点顺风火，一边打两侧的火，一边跟着火头方向前进，进入到火烧后形成的空地中避火。

③俯卧避险。发生危险时，应就近选择植被较少处卧倒，脚朝火来的方向，扒开浮土直到见着湿土，把脸放进小坑内，用衣服包头，双手放在身体正面。

④迎风突围。当风向直指人员所在位置，火势正面冲来，而在顺风方向逃不过大火的速度时，要当机立断，选择草较小、较少之处，用衣服包头，憋一口气，迎火突围。千万不能顺着风向与火赛跑，只能对着

火冲。

(3) 隧道火灾的逃生方法

当乘坐或驾车在公路隧道里通过时发现前方有异常火光和烟雾,并能准确判断是发生了火灾时,应当马上刹车,注意不让车滑行,关好门窗,不要上锁,钥匙放在车里,尽快逃向没有火的方向。

一般隧道里设计有避难所或安全通道,一旦隧道里发生了火灾,可以寻找最近的避难所避难或从最近的安全通道逃离火场。严禁在车里避难。隧道火灾中火势发展蔓延得很快,一旦发生火灾不要有侥幸心理,要立即下车逃离,避免不必要的损失。

8. 火灾现场伤员的处置原则和技巧

火灾中一旦发生烧伤,特别是较大面积的烧伤,死亡率与致残率较高,严重影响人类的健康。掌握现场自我救护和急救常识,非常重要。

(1) 烧伤现场急救原则

烧伤后急救的原则是迅速移除致伤源,终止烧伤,脱离现场,并及时给予适当的处理。现场急救的重要性在于可以有效地减轻损伤程度,减少患者痛苦,降低并发症和死亡率。烧伤急救的要点可概括为:一灭、二查、三防、四包、五送。

一灭:就是灭火第一,采取各种有效措施灭火,使伤员尽快脱离热源和致伤原因。

二查:检查全身。烧伤一眼可见,如不做初步的全身检查,就会只顾烧伤，而忽略了其他合并损伤，给伤员带来不应有的损失，甚至危及生命。如煤气中毒引起的烧伤，对中毒要予以相应处理。化学烧伤时，不能忽略全身中毒的解救。

三防：就是防休克，防窒息，防创面污染。

伤员如出现烦渴要水的早期休克症状，可给淡盐水少许多次饮用，不要让伤员单纯喝白开水或糖水。有呼吸道烧伤者，应注意口腔和鼻腔的卫生，清除泥土和异物，随时清除分泌物，保持呼吸道通畅，避免发生急性喉头梗阻、窒息。现场一般环境杂乱，在检查、搬运伤员时，要重视保护创面，防止污染。

四包：就是用干净的衣物，包裹伤面，防止再次污染。在现场，除化学烧伤外，创面一般不作特殊处理，尽量不弄破水泡，要保护表皮，用干净的被单包裹伤面。

五送：就是迅速把伤员运送就近医疗单位。搬运时，要保持伤员仰卧位，动作要轻柔，行进要平稳，随时观察伤员情况。对于呼吸、心跳不规则甚至停止者，应就地紧急抢救。

（2）火灾现场烧伤的自我救护和处理

火灾现场的自救是保护自己减少伤害的重要措施。烧伤后不要惊慌，要尽力保持镇静，衣服起火时应立即脱去或用水浇灭，也可就地卧倒，慢慢翻身滚动借以压灭火焰或利用手边的棉被、大衣等厚的布类覆盖起火处，以隔绝空气。

在家一旦发生烧（烫）伤，最简单而有效的急救处理是冷疗，创面不可私自涂以任何药物和其他如酱油、大酱、牙膏、外用药膏、红药水、紫红水等物，应尽快到医院处理。

第四章

守住岗位安全，及时消除隐患

　　安全工作涵盖生产、生活和工作的每一个领域、每一个环节、每一个时刻。岗位安全更是员工防灾避险、保障安全的重中之重。每一个员工都必须严格做到遵章守纪、规范操作、及时消除岗位安全隐患、全面防范安全事故发生，以确保岗位安全，避开危险。

1. 杜绝违章，防范违章事故发生

对于岗位工作而言，很多灾祸和危险都是因为违章导致的。常言说得好，违章不一定会造成事故，但事故的背后却一定有违章行为的存在。所以，作为一个员工，要防灾避险，首先要从自己岗位工作做起，从自己的安全意识抓起，全面杜绝违章行为，保障生产安全，工作安全，岗位安全，防范各种工伤事故的发生。

违章行为的表现各种各样，花样繁多。但最主要不外乎"三违"——违章指挥、违章作业、违反劳动纪律。防灾避险首先就要坚决反"三违"，牢记"三不伤害"，时时刻刻把防灾避险放在心上。否则，灾祸和事故就会如影随形。

某煤矿中采六井当班人员执行施工探巷、正常进尺的生产任务。在打完第二遍炮眼，放完炮后，局部通风机停风，开始出煤，煤快出完时，一名工人违反劳动纪律在井下点火吸烟引起爆炸，造成5人不幸遇难，2人受伤。

事故的直接原因是该探巷工作面停风，造成瓦斯积聚，工人吸烟引起瓦斯爆炸。同时因为该矿井管理混乱，没有正规的机械通风系统，井下局部

通风机随意关停，没有配备专职瓦检员，瓦斯管理失控；矿井以包代管，忽视安全管理，未执行入井检身制度，使工人经常带烟、带火入井；该矿招收工人不经安全培训，工人安全素质低，防护意识差。这是典型的"三违"事故。

违章违纪如同一颗随时可能引爆的炸弹，工作人员一旦违反安全规章制度，就相当于点燃炸弹的导火索，等同于将锋利的匕首刺向自己的心脏，自取绝路。只有拒绝违章、彻底根除违章，才能真正杜绝事故，保证安全。

某钢铁公司一铁总厂9号高炉在更换1号风口小套复风引煤气过程中，因高炉重力除尘器放散阀关不严，不能正常引煤气作业，当班工人周某、值班钳工王某等5人上除尘器顶部平台处理。因煤气过大，造成周、王两人现场煤气中毒，后送马钢医院抢救无效死亡。

造成这起工亡事故的直接原因就是9号高炉重力除尘器放散阀关不严导致煤气泄漏，而间接原因则是安全管理不够严，未能严格执行有关管理制度；职工自我防护意识较差；现场监督检查不力。其具体表现就是，参与抢修现场作业的5名工人为了省事，在煤气区域作业时未按规定戴空气呼吸器，没有随身携带便携式CO报警器，最终酿成惨剧。

一时的疏忽，带来的却是生命的终结！就为了那一会儿的方便，却把自己的生命当儿戏，终究尝到了痛苦的滋味，只是这时已经晚了。

"三违"就是事故的根源，"违章就是事故"，不根除违章就不可能消除事故。所以，我们每一个人都必须杜绝人身伤亡和人为责任事故，把安全管理重点由事后处理向事前预防和过程控制转移，牢牢树立"违章就是事故"的理念,全面绷紧防灾避险的安全之弦,全面消除违章,才能把灾祸和危险拒之门外。

2. 办公或出差,也要安全第一

通常人们都认为办公室和家里是最安全的地方。其实在这些地方,也有一些潜在的危险。如果没有防灾避险意识,很可能"人在屋中坐,祸从天上落",所以办公室里也要注意安全,防灾避祸。

如办公区域过于拥挤;办公设备摆放不当;档案柜、垃圾筒阻拦了通道;电脑放置过于密集;办公设备和桌角突出的尖角;楼梯的扶栏失修;地板打滑;档案柜上堆放的杂物过多,有倾倒下来的危险;站在转椅上取东西;在不会操作和没有指导的情况下使用不熟悉的设备;电线和电话线拖在地上,而没有埋入地毯内;电器过多,致使电路负荷过重;不彻底的绝缘;保险丝过细;天花板上的灯器不牢固……这些都可能给我们带来伤害。如果对已发现的这些危险隐患不重视,掉以轻心,不在意防灾避险,极有可能在办公室里办公也会遭遇横祸。所以,即便办公的时候,也一定要把安全放在第一位,时刻重视防灾避险,不让灾祸降临到自己的头上。

出差在外,同样要安全第一,注意防灾避险,保护自己不受伤害。这既是工作的前提,也是自己的需要。出差在外重点要注意以下安全事项。

一是乘车安全。要选乘合法的交通工具,不要乘坐非法运营的车辆,比如黑出租,也不要随便搭乘陌生人的便车。在车上应妥善保管好个人的财物。

坐火车不要将头部或四肢伸到窗外。到茶炉间打开水或是在座位上喝开水时，都应特别小心，因为火车的晃动容易使人站立不稳，也容易使杯中的开水泼出，烫伤自己或他人。睡在上、中层卧铺，应防止睡觉时从铺上掉下摔伤。行李中不能带有易燃易爆等危险物品。

同时，途中还要提高警惕，以防被盗被抢被骗。如果发生上述情况，要及时报告给列车员或乘警，寻求他们的帮助。

二是住宿安全。如需在外住宿，应尽可能住一些正规的宾馆，并注意个人的人身和财产安全。入住酒店后，应了解酒店安全须知，熟悉酒店的安全门、安全出路、安全楼梯的位置以及安全转移的路线。不要将自己住宿的酒店、房号随便告诉陌生人，不要让陌生人随便进入房间；出入房间要锁好房门，离开房间时要把贵重物品带走，睡觉前注意门窗是否关好。

遇紧急情况，千万不要慌张。发生火警时不要搭乘电梯或随意跳楼；镇定地判断火情，主动地实行自救。不能用手直接开金属门把手；若身上着火，可就地打滚，或用重衣物压火苗；如必须穿过有浓烟的走廊、通道，则用浸湿的衣物披裹身体，捂着口鼻，贴地、顺墙爬走；大火封门无法逃出时，可采用浸湿的衣物披裹身体，用被褥堵门缝或泼水降温的方法等待救援或摇动色彩鲜艳的衣物呼唤救援人员。

三是行为安全。工作业余时间，晚上最好不要一个人到鱼龙混杂的娱乐场所，要时刻注意个人安全。规范自己的行为，不招惹他人，不乱管闲事，控制情绪，与人为善，最好不与他人发生矛盾，即便有矛盾也要冷静解决，不要冲动。

四是户外工作安全。户外工作时要处处小心，提高警惕，防止意外。在天气条件比较恶劣的情况下（如雨雪、大风天气），务必要注意交通安全。遇到特别恶劣的天气，应尽量减少出行或户外活动；夏季高温天气时，户外要注意防中暑。还要警惕洪水、泥石流、滑坡等一些自然灾害，同时防摔倒、防蛇虫、防雷电，防范意外。在外工作期间，有任何问题可及时与公司和家人保持联系。

3. 辨识工作中的重大危险源，消除重大危险隐患

危险源，是指可能导致人员死亡、伤害或职业病、财产损失、设备损坏、工作环境破坏或这些情况组合的根源或状态因素。严格地说，危险源是指一个系统中具有潜在能量和物质释放危险的、可造成人员伤害、在一定的触发因素作用下可转化为事故的部位、区域、场所、空间、岗位、设备及其位置。实质是具有潜在危险的源点或部位，是爆发事故的源头，是能量、危险物质集中的核心，是能量从那里传出来或爆发的地方。

根据《重大危险源辨识》标准，不同的企业有不同的危险源。对于员工来说，关键是辨识自己工作中的危险源，并且能有效地避开这些危险源，防范危险源伤害到自己。

危险源的种类很多，广义划分法可以分为机械类、电气类、辐射类、物质类、火灾与爆炸类……还有人、机、料、环、法，都有可能成为危险源。危险源辨识主要通过现场观察、查阅记录、事故树、事件树以及生产工艺过程进行分析。

对于员工来说，危险源的识别很复杂，但总的原则就是一个：防灾避

险。在工作中要针对自己的岗位、不同地点和不同作业环境进行详细的分析和识别。具体按以下几个方面进行识别。

一是按工种进行危险源识别。大型设备操作司机、爆破工、钻眼工、检修维护工、起重工等,在现场工作时,对于可能带来伤害或是危险的源头进行了解和记录,并分析其发生事故的可能性。

二是按工序进行危险源识别。采装工作面现场可以按打眼、放炮、采掘、运输等工序进行危险源识别。

三是按岗位进行危险源识别。如机械操作、电焊工、火药库管理员、电铲机房、轮斗电气控制室等工作岗位的环境和设备运行时,产生的危险源识别为特殊部分危险源。

四是在现场工作时,不但要对静态危险源进行识别,也要对动态危险源进行识别。静态危险源就是现场客观存在的、不随时间和客观条件的变化而变化的危险源。例如,火药管理不善,发生意外爆炸。动态危险源就是在现场生产时,由于客观条件不断变化而产生的危险源。例如,采剥生产过程中,伞檐片帮、地下空巷、设备牵引电缆等危险源。

防止事故发生的第一步,是辨识或确认高危险性的工业设施、特殊工种作业行为(危险源)。由上级主管部门和权威机构在物质毒性、燃烧、爆炸特性或设备带有安全隐患的运转及操作人员的违章作业基础上,制定出危险物质临界量标准和设备安全运转标准及人员的安全作业标准。通过这些标准,可以确定哪些是可能发生事故的潜在危险源。

发现和识别危险源之后,要尽可能地解除这些危险因素,消除危险可能。特别是针对一些重大危险隐患,要特别重视。

什么是隐患?这一点在 2008 年 2 月 1 日起施行的《安全生产事故隐患排查治理暂行规定》中对"隐患"明确定义:隐患包括人的不安全行为、物的不安全状态和管理上的缺陷。后面会讲到人的不安全行为和物的不安全状态,这时说说管理上的缺陷。

管理上的缺陷，主要有技术和设计缺陷、安全生产教育培训不够、劳动组织不合理、对现场工作缺乏检查或指导错误、没有安全生产管理规章制度和安全操作规程或者不健全、没有事故防范和应急措施或者不健全、对事故隐患整改不力，经费不落实等七个大类。这七大类问题就是不安全的隐患，这些方面如果不加善，就极有可能会导致安全事故的发生，造成灾难性的后果。所以，重大危险隐患，一定要消除才行。

不同的隐患有不同的整改和消除方式。一般要遵循以下原则。

(1) 彻底消除原则

即采用无危险的设备和技术进行生产，实现系统的本质安全。这样，即使人出现操作失误或个别部件发生故障，都会因为有完善的安全保护装置而避免伤亡事故的发生。

(2) 降低隐患危害程度原则

若事故隐患由于某种原因一时无法消除，应使隐患危害程度降低至人可以接受的水平。如作业场所中的粉尘不能完全排除时，可通过加强通风和使用个人防护用品，达到降低吸入量的目的。

(3) 屏蔽和时间防护原则

屏蔽就是在隐患危害作用的范围内设置障碍，如吸收放射线的铅屏蔽等。时间防护就是使人处在隐患危害作用环境中的时间，尽量缩短到安全限度之内。如国家已明确规定了噪音达到某一数值时，职工在此作业环境中的工作时间等。

(4) 距离和不接近原则

工作人员与带电体应保持一定的距离，为此规定了各级电压的安全距离。对于危险因素作用的地带，一般人员不得擅自进入。

(5) 取代、停用原则

对无法消除隐患的危险场所，应采用自动控制装置或机器代替人进入；或者停用设备，如离带电体安全距离不足时，采用停电方式进行

检查。

同时，还可以采用自动化、机械化作业；完善安全装置，如安全闭锁装置、紧急控制装置，按规定设置安全护栏、围板、护罩等；电气设备的接地、断路、绝缘；作业场所必需的通风换气，足够的照明或必要的遮光；符合规定要求的个人防护用品；危险区域或设备上设置警告标志等相应的整改措施。

隐患是事故发生的苗头，是事故发生的前提条件，预防事故发生就是要预防隐患发生。认真查找和发现各类安全隐患，落实隐患治理的整改措施、整改责任、整改期限，对检查督查发现的各类隐患，抓大不弃小，要排查一处整改一处，一抓到底；对制定的措施，要制定一条落实一条，一丝不苟，及时割裂、阻止具有因果关系的事故条件之间的联系，消除物的不安全状态和人的不安全行为。消除隐患的存在，就能有效防止事故发生。

4. 及时消除人的不安全行为

事故致因理论的研究成果表明，造成员工人身伤害的直接原因是人的不安全行为、物（设备、环境）的不安全状态，或两者共同作用。而人的不安全行为造成的事故远高于物的不安全状态造成的事故，并且随着生产技术的进步，生产设备的质量和安全防护装置水平的不断提高和改进，由人的不安全行为造成的事故比例越来越高。因此，消除人的不安全行为是消除隐患、防范事故的重头戏，也是避免人身伤害事故发生的基本保证。

人的不安全行为主要表现在：习惯性违章指挥、违章作业，忽视安全，采取不正确的动作，使用安全防护用具不正确、误操作等。人的不安全行为产生的原因主要是人员安全意识不强，采取不正确的态度。个别职工忽视安全，甚至故意采取不安全行为；技术、知识不足。缺乏安全生产知识、缺乏经验，或技术不熟练。当然，产生不安全行为的原因还有工作人员身体不适、工作环境恶劣以及不可避免的失误等因素。

总结起来，人的不安全行为主要有以下几类。

①操作错误、忽视安全、忽视警告：未经许可开动、关停、移动机器，开、关机器时未给信号，开关未锁紧，造成意外转动、通电或泄漏等，忘记关闭设备，忽视警告标记、警告信号，操作错误，奔跑作业，供料或送料速度过快机器超速运转，手伸进冲压模，工件紧固不牢，用压缩空气吹铁屑违章驾驶机动车，酒后作业客货混载等。

②人为造成安全装置失效：安全装置被拆除、堵塞，作用失效，调整的错误造成安全装置失效等。

③使用不安全设备：临时使用不牢固的设施，使用无安全装置的设备。

④手代替工具操作：用手代替手动工具，用手清除切屑，不用夹具固定、用手拿工件进行机加工。

⑤物体（指成品、半成品、材料、工具等）存放不当。

⑥冒险进入危险场所：冒险进入涵洞，接近漏料处、危化品房、基建工地等。

⑦攀、坐不安全位置。

⑧在起吊物下作业、停留。

⑨机器运转时进行加油、修理、检查、调整、焊接、清扫等工作。

⑩有分散注意力行为。

⑪在必须使用个人防护用品或用具的作业或场合中，没有正确使用或者不用防护用品或用具。

⑫不安全装束。

⑬对易燃、易爆等危险品处理错误。

人的不安全行为是事故发生的主要原因。这些不安全的行为，其实很多员工平常并未特别在意，但是一旦发生事故，后悔是没有任何意义的。只有从自己做起，根除这些不安全的行为，规范操作，才能防灾避险，保证安全。所以对人的不安全行为的控制需要花更多的力气。消除人的不安全行为，可以采取以下措施。

（1）加强学习培训，消除人的不安全行为

学习培训使员工自己形成安全意识。经过一次、两次或者多次反复"刺激"，使员工形成正确的安全意识，让他们提高辨别是非、安危、祸福的能力，从而采取正确的安全生产行为。同时也可以促使员工更加熟练掌握生产技术知识和操作技能，安全熟练地完成规定生产任务。

（2）强化规章制度，消除人的不安全行为

保证企业的安全生产，必须建立一套适合本企业的安全管理制度，尤其需要制定现场安全工作规程，用现场安全工作规程指导工作人员在生产过程中的行为。并且规章制度应形成闭环管理，即制定—执行—发现问题和不足—修订使之完善—再执行。消除人的不安全行为，必须使生产一线人员有章可循。因此规章制度的管理至关重要。

（3）加强现场安全监督，消除不安全行为

建立企业安全监督体系，充分发挥安全监督网的作用，随时检查现场的生产活动，发现并纠正违章行为。首先是班组安全员应发挥现场监督检查作用，随班组一起工作，及时掌握现场情况，纠正违章和不安全行为。安全员应具有高度的责任心，对班组成员人身安全负责，履行监督职责。其次安全监督机构应巡回检查各生产现场，纠正违章，不定期地向领导和管理人员通报情况，敦促班组及其上级部门加强管理，以消除人的不安全行为。

（4）发挥安全奖惩制度的作用，消除不安全行为

在避免产生人的不安全行为和物的不安全状态的"3E"原则中，重要的一个对策就是"惩戒"。对个别采取不正确的态度、忽视安全、甚至故意采取不安全行为者，给予经济上或其他必要的处罚，强制其树立正确的态度，采取安全的行为。

总之，要保证员工免遭人身伤害，防灾避险，彻底消除隐患，杜绝事故，就必须下大力气消除生产过程中人的不安全行为。安全教育和安全管理是消除人的不安全行为的两个根本对策。

5. 全面清除物的不安全状态

物的不安全状态，也是引发安全事故的一个重要原因。物的不安全状态必须及时消除，才能消除事故隐患，防灾避险，保证安全。具体来说，消除物的不安全状态应从以下几方面做起。

（1）设备、设施、工具、附件的缺陷及消除方法

设计不当，结构不合安全要求，如设备功能上该有联锁装置的没有安

装；强度不够，如机械强度不够，起吊重物用的绳索吊具不符合安全要求容易断裂；设备在非正常状态下带"病"动转，超负荷运转；有故障（隐患）未予以及时修复等。

物件本身的缺陷是发生事故的诸多要素之一，因此，认识到物件的缺陷后，每个员工必须针对缺陷的症结采取不同的措施。员工在使用设备时，要加强检查，严格按照操作规程进行作业，发现问题要及时向领导及有关管理人员反映，不操作有问题的设备器具；要按照设备保养制度的规定对设备器具进行保养和维护，以确保它们处于正常状态。

（2）防护、保险、信号等装置的缺陷及消除

这类不安全状态如无防护罩，无安全保险装置，无报警装置，无限位装置，无安全标志，无护栏或护栏损坏，电气设备未接地，绝缘不良，无消声系统等；还有防护不当等情况。

防护设施和安全装置是确保人员和物件（设备、危险物品）互不接触，从而起到避免人体损伤的安全保护网。因此，员工要正确使用这些安全装置，不能贪方便、图省事而不采用。工作中要切实做到"四有四必"，即：有轮必有罩、有台必有栏、有洞必有盖、有轴必有套。进行电气作业时，应先检查绝缘和接地、接零情况，否则不能作业。

（3）工作场所的缺陷及消除

没有安全通道；工作场所间隔距离不符合安全要求；机械装置、用具配置的缺陷；物件堆放的位置不当；物件堆置的方式不当。

安全通道是能确保职工安全通行的道路，因此必须严格按照国家标准设置并保持通畅。物件堆放必须按各企业的安全操作规程执行。做到物件堆放标准化。

（4）个人防护用品、用具的缺陷及消除措施

这类不安全状态包括缺乏必要的个人防护用品、用具；防护用品、用具有缺陷；缺乏具体的使用规定。

要消除这类隐患，企业要根据本单位的生产工艺流程和作业环境，为员工配备合适的劳动防护用品，制定劳动防护用品使用规定，以免劳动防护用品使用不当，造成事故。

(5) 作业环境的缺陷及消除

包括照明不当；通风换气差；作业环境的道路、交通的缺陷；噪声等。

要防范和清除这类隐患，可以在照明、通风、道路、机械噪声等方面，按国家标准设计、施工。

有些工作场所还必须注意自然因素的影响，员工要认识自然因素对人们和生产所产生的威胁，做好自身防范，从而保证自身安全和生产安全。

实际上，全部物的不安全状态，都与人的不安全举动或人的操纵、治理失误有关。所以，要消除物的隐患，消除物的不安全状态，就需要我们每一个人认真工作，负起自己的责任。

要注意的是，物的不安全状态是动态变化的，因而绝不能放松。即使对已存在的隐患整改完成，新的隐患又会不断出现，这就要求及时查找，及时整改，时刻防范物的不安全状态，并全力消除这种不安全，真正全面防范事故，保证安全。

6. 掌握事故预防方法，预防作业事故发生

在安全管理上有一个重要的理论，即"一切事故都是可以预防的"，只要措施到位，完全可以避免事故和灾难的发生。故而掌握事故预防的方

法，是防灾避险的重要技能。

(1) 机械事故预防要点

机械事故，一般是指与机械相关的安全伤害事故，而并非机械本身的运转事故。包括机械设备运动（静止）部件、工具、加工件直接与人体接触引起的夹击、碰撞、剪切、卷入、绞、碾、割、刺等形式的伤害事故。

机械伤害事故的防范措施如下。

第一，检修时必须严格执行"断电挂禁止合闸警示牌"和设专人监护的制度。机械断电后，必须确认其惯性运转已彻底消除后才可进行工作。机械检修完毕，试运转前，必须对现场进行细致检查，确认机械部位人员全部撤离才可取牌合闸。检修试车时，严禁有人留在设备内进行点车。

第二，需要人手直接频繁接触的机械，必须有完好紧急制动装置，该制动钮位置必须使操作者在机械作业活动范围内随时可触及到；机械设备各传动部位必须有可靠防护装置；各入孔、投料口、螺旋输送机等部位必须有盖板、护栏和警示牌；作业环境保持整洁卫生。

第三，各机械开关布局必须合理，并符合两条标准：一是便于操作者紧急停车；二是避免误开动其他设备。

第四，对机械进行清理积料、捅卡料、上皮带腊等作业时，应遵守停机断电挂警示牌制度。

第五，严禁无关人员进入危险因素大的机械作业现场，非本机械作业人员因事必须进入的，要先与当班机械作业者取得联系，有安全措施才可同意进入。

第六，操作各种机械人员必须经过专业培训，能掌握该设备性能的基础知识，经考试合格，持证上岗。上网作业中，必须精心操作，严格执行有关规章制度，正确使用劳动防护用品，严禁无证人员开动机械设备。

(2) 触电事故预防要点

根据安全用电"装得安全，拆得彻底，用得正确，修得及时"的基本要求，为防止发生触电事故，在日常施工（生产）用电中要严格执行有关规定。

用电应制定独立的施工组织设计，并经企业技术负责人审批，盖有企业的法人公章。然后按设计进行敷设，竣工后输验收手续。

一切线路敷设必须按技术规程进行，按规范保持安全距离。距离不足时，应采取有效措施进行隔离防护。非电工严禁接拆电气线路、插头、插座、电气设备、电灯等。

根据不同的环境，正确选用相应额定值的安全电压作为供电电压。安全电压必须由双绕组变压器降压获得。

带电体之间、带电体与地面之间、带电体与其他设施之间、工作人员与带电体之间必须保持足够的安全距离。距离不足时，应采取有效的措施进行隔离防护。

在有触电危险的处所或容易产生误判断、误操作的地方，以及存在不安全因素的现场，设置醒目的文字或图形标志，提醒人们识别、警惕危险因素。

采取适当的绝缘防护措施将带电导体封护或隔离起来，使电气设备及线路能正常工作，防止人身触电。

采用适当的保护接地措施，将电气装置中平时不带电，但可能因绝缘损坏而带上危险的对地电压的外露导电部分（设备的金属外壳或金属结构）与大地作电气连接，减轻触电的危险。

（3）物体打击事故预防要点

物体打击伤害往往表现为飞出或弹出的物体，如工具、工件、零件等对人员造成的伤害。

物体打击事故一般后果都非常严重，因而需要我们特别注意防范。预防措施有如下。

一是操作人员必须进行安全培训，按要求正确使用安全防护用品，进入作业现场不得违章指挥、违章操作；

二是在同一垂直面上下交叉作业时，必须设置安全隔离层或安全网，并保证防砸措施有效。高处作业上下传递物件时禁止抛掷，使用溜槽或起重机械运送时，下方操作人员必须远离危险区域；

三是高处作业人员所使用的工具或切剥下来的废料，必须放进工具袋或采取防坠落措施，严禁到处乱放，以防掉下砸人或崩起伤人；

四是高处作业临时使用的材料必须放置整齐稳固，且放置位置安全可靠，所有有坠落可能的物件，应先行撤除或加以固定；

五是作业现场临边、临空及所有可能导致物件坠落的洞口都应采取防护措施；

六是起吊重物时，所采用的索具、索绳等，应符合安全规范的技术要求，不得提升悬挂不稳的重物。起吊零散物料或异形构件时，必须用容器集装或钢丝绳捆绑牢固，确认无误后方可指挥起升，防止物料散落伤人；

七要加强设备点巡检工作，及时消除设备故障，以防器具部件飞出伤人。

（4）起重伤害事故预防要点

起重伤害事故一般有挤压、高处坠落、重物坠落、倒塌、折断、倾覆、触电、撞击事故等。每一种事故都与其环境有关，有人为造成的，也有因设备有缺陷或人和设备双重因素造成的。起重伤害事故也是经常发生的事故，特别是龙门吊，更易发生群死群伤的事件，因而需要引起特别注意。防范要点如下。

一是起重作业人员须经有资格的培训单位培训并考试合格，才能持证上岗。

二是起重作业人员在操作前应检查起重机械的安全装置，如起重量限制器、行程限制器、过卷扬限制器、电气防护性接零装置、端部止挡、缓冲器、联锁装置、夹轨钳、信号装置等是否齐全可靠，否则不准进行操作。平时应严格检验和修理起重机机件，如钢丝绳、链条、吊钩、吊环和滚筒等，发现报废的应立即更换。建立健全维护保养、定期检验、交接班制度和安全操作规程。

三是起重机运行时，任何人不准上下；也不能在运行中检修；上下吊车要走专用梯子。起重机的悬臂能够伸到的区域不得站人；电磁起重机的工作范围内不得有人。吊运物品时，吊物不得从人头上过；吊物上不准站人；不能对吊挂着的东西进行加工。起吊的东西不能在空中长时间停留，特殊情况下应采取安全保护措施。

四是起重机驾驶人员接班时，应对制动器、吊钩、钢丝绳和安全装置进行检查，发现性能不正常时，应在操作前将故障排除。开车前必须先打铃或报警，操作中接近人时，也应给予持续铃声或报警。按指挥信号操作，不论任何人发出紧急停车信号，都应立即执行。

五是必须确认起重机上无人时，才能闭合主电源进行操作。工作中突然断电时，应将所有控制器手柄扳回零位；重新工作前，应检查起重机是否工作正常。

六是在轨道上露天作业的起重机，当工作结束时，应将起重机锚定住；当风力大于6级时，一般应停止工作，并将起重机锚定住；对于在沿海工作的起重机，当风力大于7级时，应停止工作，并将起重机锚定好。

七是当司机维护保养时，应切断主电源，并挂上标志牌或加锁。如有未消除的故障，应通知接班的司机。

（5）高处坠落事故预防要点

高处坠落事故，一般是指高处作业时发生的事故，但有时非高处作业也会发生。所谓高处作业，是指在距基准面2米以上（含2米）有可能坠落的高处进行作业。在此作业过程中因坠落而造成的伤亡事故，称之为高处坠落事故。高处坠落事故的事故类别大约为以下九种。

洞口坠落（预留口、通道口、楼梯口、电梯口、阳台口坠落等）；脚手架上坠落；悬空高处作业坠落；石棉瓦等轻型屋面坠落；拆除工程中发生的坠落；登高过程中坠落；梯子上作业坠落；屋面作业坠落；其他高处作业坠落（铁塔上、电杆上、设备上、构架上、树上及其他各种物体上坠落等）。

预防高处坠落事故要注意以下几点。

一是要熟悉高处作业的作业方法，掌握技术知识，执行安全操作规程。作业时要指定专人进行现场监护。

二是要禁止患有高血压、心脏病、癫痫病等禁忌证的人员和孕妇从事高处作业。

三是高处作业时要系好安全带，戴好安全帽，不准穿硬底鞋，以防滑倒导致坠落事故。

四是作业前要检查护栏、架板是否牢固，有洞口的地方要盖好。较危险的部位应在下方装设平网。

五是做好楼梯口、电梯口、预留洞口和出入口的"四口"防护。

六是在建筑施工中做好"五临边"的防护工作。"五临边"是指尚未安装栏杆的阳台周边、无外架防护的屋面周边、框架工程楼层周边、上下跑道、斜道、两侧边、卸料平台的外侧边等。

七是在恶劣天气中（指六级以上强风、大雨、大雪、大雾），禁止从事露天高处作业。

(6) 坍塌事故预防要点

坍塌事故是指物体在外力和重力的作用下，超过自身的极限强度的破坏成因，结构失衡塌落而造成物体高处坠落、物体打击、挤压伤害及窒息等事故。工程施工、矿山开采和桥梁施工中都易发生坍塌事故，这类事故因塌落物自重大、作用范围大，往往伤害人员多、后果严重，常造成重大或特大人身伤亡事故。所以一定要注意防范。具体防范措施有以下方面。

挖土方时，发现边坡附近土体出现裂纹、掉土及塌方险情时，应立即停止作业，下方人员要迅速撤离危险地段，查明原因后，再决定是否继续作业。

要按土质的类别进行施工，较浅的基坑，要采取放坡的措施。较深的基坑，要考虑采取护壁桩、锚杆等技术措施。必须有专业公司进行防护施工。

工程标高低于地下水以下，首先要降低地下水位，对毗邻建筑物必须采取有效的安全防护措施，并进行认真观测。

基坑边堆土要有安全距离，严禁在坑边堆放建筑材料，防止动荷载对土体的震动造成原土层内部颗粒结构发生变化。土方挖掘过程中，要加强监控。

加强对脚手架的日常检查维护，重点检查架体基础变化，各种支撑及结构联结的受力情况。当脚手架的前部基础沉陷或施工需要掏空时，应根据具体情况采取加固措施。

模板作业时，对模板支撑宜采用钢支撑材料作支撑立柱，不得使用严重锈蚀、变形、断裂、脱焊、螺栓松动的钢支撑材料和竹材作立柱。支撑立柱基础应牢固，并按设计计算严格控制模板支撑系统的沉降量。支撑立柱基础为泥土地面时，应采取排水措施，对地面平整、夯实，并加设满足支撑承载力要求的垫板后，方可用以支撑立柱。斜支撑和立柱应牢固拉接，形成整体。严格控制施工荷载，尤其是楼板上集中荷载不要超过设计要求。

当隐患危及架体稳定时，应立即停止使用，并制订针对性措施，限期加固处理。

（7）中毒窒息事故预防要点

当人体在有窒息性气体环境中时，窒息性气体导致人体呼吸系统终止而造成的伤亡事故就是中毒窒息事故。预防中毒窒息事故应根据环境中可能存在的窒息性气体的种类采取相应的预防措施。通常预防中毒窒息事故应从以下几个方面入手。

一是对从事有毒作业、有窒息危险作业人员，必须进行防毒急救安全知识教育。其内容应包括所从事作业的安全知识、有毒有害气体的危害性、紧急情况下的处理和救护方法等。

二是进入受限空间作业，必须对作业环境的氧含量、可燃气体含量、有毒气体含量进行分析。取样分析应有代表性、全面性。受限空间容积较大时，应对上、中、下各部位取样分析，保证受限空间内部任何部位的可燃气体浓度和氧含量都合格，有毒有害物质不得超过国家规定的"车间空气中有毒物质最高容许浓度"指标。

三是在有毒场所作业时，必须佩戴防护用具，必须有人监护。进入高风险区域巡检、排凝、仪表调校、采样、清罐等作业时，作业人员应佩戴符合要求的防护用品，携带便携式报警仪。2人同行，1人作业1人监护。

四是进入缺氧或有毒气体设备内作业时，应切实做好工艺处理工作，将受限空间吹扫、蒸煮、置换合格；对所有与其相连且可能存在可燃可爆、有毒有害物料的管线、阀门加盲板隔离，不得以关闭阀门代替安装盲板。盲板处应挂标识牌。

五要充分认识到氮气等单纯窒息性气体的危害。氮气无色、无味、无毒、不可燃，作为一种惰性气体被广泛应用于系统吹扫置换，防止可燃油气与空气形成爆炸性混合物而发生事故。但是氮气"无毒"并不是"无害"。过量的氮气会剥夺人类赖以生存的氧气，导致人员窒息，甚至死亡。

六是在有毒或有窒息危险的岗位，要制定应急救援预案，配备相应的防护器具。应急预案的内容应包括作业人员紧急状况时的逃生路线和救护方法，现场应配备救生设施等，作业人员应熟知应急预案内容。受限空间作业的现场要配备一定数量符合规定的应急救护器具（包括空气呼吸器、供风式防护面具、救生绳等），出入口内外不得有障碍物，保证其畅通无阻，便于人员出入和抢救疏散。

七是对有毒、有害场所的有毒介质浓度，要定期检测，确保符合国家标准。进入受限空间作业时，为保证空气流通和人员呼吸需要，可采用自然通风，必要时采取强制通风，严禁向内充氧气。进入受限空间内的作业人员每次工作时间不宜过长，应轮换作业或休息。

八是对各类有毒物品和防毒器具必须有专人管理，并定期检查；涉及和检测毒害物质的设备、仪器要定期检查，保持完好。

九是健全有毒有害物质管理制度，并严格执行。长期达不到规定卫生标准的作业场所，应停止作业。浓度超过国家职业接触限值或曾发生中毒的作业场所，应作为重点隐患点进行整改或监控。

第五章

保障日常安全,防灾避险 24 小时无死角

　　安全工作无小事,安全防护无空档。防灾避险从来就没有可以松懈的时候,必须360°无死角、24 小时不间断才行。不管上班还是下班,不管八小时之内还是八小时之外,不管工作还是生活,都要提高警惕,时时防范,才能把危险和灾祸挡在安全线以外。

1. 做好家庭消防工作，防范家庭火灾

家庭中引起火灾概率最大的"罪魁祸首"是：电、生活用火、自燃物、可燃装修材料。

现在家家户户都离不开电，但电也是危险的消防安全隐患。因为用电不慎极易引发家庭火灾。如家用电器出现故障、电器老化、电路超负荷、漏电、短路等。

家庭天然气、煤气、液化石油气也是火灾的重要隐患。有的居民家庭把燃气灶具同家用电器及炉火在同一操作间存放和使用；有的居民家私自拆、装、移动燃气灶具；有的居民家庭灶具使用时间过长发生漏气现象；有的居民家庭在灶具周围堆放易燃易爆物品；有的往下水道或抽水马桶等处倾倒液化石油气残液；有的对燃气热水器的安装和使用常识掌握不清。这些都是事故隐患。

同时生活用火不慎，如使用炉火、灯火、蜡烛不慎；卧床抽烟或酒后抽烟；乱扔未熄灭的火柴、烟头等也会引发火灾。小孩玩火，虽不是正常生活用火，却是居民家庭生活中常见的火灾原因。尤其是农村，小孩玩火更为突出，小孩玩火约占火灾总次数的10%。所以要防范家庭火灾就需要我们及时消除这些隐患，及早防范。

一要树立消防安全意识，搞好家庭防火常识教育。许多家庭消防意识淡薄，防灭火自救能力低下，时常因一些常识性的低级错误导致家庭火灾的发生、蔓延。因此，每个家庭成员都应该熟练掌握基本的消防知识、消

防器材设施的使用方法和火场逃生方法,一旦失火,能够迅速组织灭火扑救,阻止火势的蔓延。

二是装修勿留隐患。在房屋装修过程中,一是不要为了节省金钱而忽略了防火问题,留下先天的火灾隐患;二是严禁将裸线直接埋在墙体之中带来隐患。

三要注意管罐漏气。家庭使用煤气罐、管道煤气等,室内要具备良好的通风条件,并要经常检查,发现有漏气现象,切勿开灯、打电话,更不能动用明火,要迅速打开门窗通风,排除火灾隐患。液化石油气钢瓶要置于空气流通且便于操作和观察的空间。因为液化气钢瓶由于使用时间过长或质量不合格,以及煤气管路阀门的开闭连接等,都有可能造成漏气,泄漏的气体一遇明火便极易造成燃烧爆炸事故。

四要加强电器维护检查,严禁电器不拔插头。近几年的家庭火灾中,因电气引发的约占一半,其一是家用电器缺乏保养。使用电炉、电热毯、电熨斗等,要做到用前检查,用后保养,否则就会因线路老化、年久失修导致电路受损而引发火灾事故。其二是家用电器不拔插头。使用遥控器关闭时,变压器仍在通电。虽然它通过的电流很小,但长期的通电会使电源变压器持续升温,加速电源变压器的线圈和绝缘层老化,从而引起短路和碳化起火;或者遭遇雷电袭击,造成家用电器短路过载而引起火灾爆炸事故。

五是勿乱堆杂物、乱烧垃圾。将杂物堆在阳台上,使之成为杂物仓库是家庭防火之大忌。有的甚至把油漆、车用汽油等易燃易爆物品都放在阳台上,使阳台成了火险丛生之地。夏季高温烘烤,逢年过节人们燃放烟花爆竹,以及小孩玩火等因素,都极易造成家庭

火灾。

自行焚烧垃圾是导致家庭火灾的又一诱因，因为垃圾里会有很多可燃可爆物，如液化气残液、玻璃瓶、鞭炮、废旧电池、液体打火机等，一旦燃烧就有爆炸的可能。特别是在冬季，大风一刮，火苗乱窜，很容易引起火灾。一些易燃易爆物品应当按照使用说明来使用、放置。

六是勿乱扔烟头、乱放爆竹。随手扔烟头是很多烟民的习惯。俗话说："一支香烟头，能毁万丈楼。"冬季风多雨少，夏季温高物燥，乱扔烟头随时都可能引发火灾。况且烟头引发的火灾大多具有"隐蔽性"，由引燃到起火成灾一般需要3~5个小时，在起火初期很难被人察觉，一旦成灾已无可挽回，因而"烟头火灾"具有更大的危害性。特别是那些喜欢抽"倒床烟"的烟民尤其要注意随手灭烟，以免酿灾。家庭燃放烟花爆竹也要注意安全，楼上放鞭炮不能殃及楼下，底层放烟花不能对着高处人家的阳台、窗帘，农村放鞭炮不能靠近树林、草堆、棉场等地。还要做到坚决不在禁放区域燃放鞭炮。

七要禁止用油点火取暖。虽然现在城镇居民冬季取暖大都使用电，但广大农村居民冬季烤火仍在使用木材、炭火。这就要求点火时严禁用汽油、煤油、酒精等易燃物引火。

八要严禁小孩玩火。小孩玩火引发火灾令人防不胜防，每个家庭都应该管好孩子，督促小孩不玩火。学校要教育学生增强防火意识，商店不要向小孩出售火种。

九要重视配备消防器材。为了做到有备无患，每个家庭都应配备消防器材，每位成员都要掌握使用方法，另外要定期检查，定时校验，做到警钟长鸣，防患未然。

十是从小事上重视防火。如电热毯在使用中切勿折叠；点燃的蜡烛、蚊香应放在专用的台架上，不能靠近窗帘、蚊帐等可燃物品；使用电灯时，灯泡不要接触或靠近可燃物；到床底、阁楼等处找东西时，不要用油灯、蜡烛、打火机等明火照明。

当家里发生火灾后，报警和救火要同时进行，家里起火时如果有两人在场，可一个人扑救一人报警；如果只有一个人，可一边扑火一边向左邻右舍呼救。牢记"119"火警电话。不管是否危及个人财产，一旦见到火灾，应该迅速报告火警。报告火警是公民应尽的消防义务，您及时的报警往往会成为挽救他人生命财产的关键。

发现火苗要就地取材扑打。水是最方便的灭火剂。但汽油、煤油、香蕉水等比重比水小又不溶于水的液体引发的火灾以及电器火灾等不能用水扑救。可用干粉、黄沙、毛毯、棉被等覆盖火焰。

油锅起火，可直接把锅盖迅速盖上，隔离空气灭火，同时关闭煤气等火源或将油锅平稳地端离炉火。油锅起火忌用水浇，以免助长火苗蹿出，引起火灾。

煤气、液化气管路着火，要先关闭阀门，用围裙、衣物、被褥等浸水后捂盖。

家用电器着火，要先断电源，然后用湿毛毯、棉被覆盖灭火，如仍未熄火，再用水浇。电视机着火用毛毯、棉被覆盖灭火时，人要站在电视机后侧或旁边，以防显像管爆裂伤人。

当家中的液化气瓶口或煤气管道、厨房灶具失控泄漏起火，可以将湿毛巾盖住起火部位，然后迅速关闭阀门。

当在家里遭遇火灾时，首先应该想尽一切办法逃生，不要停下来先收拾钱财物品，因为生命是第一位的。平时多掌握一些火灾逃生技巧，也有利于自救。

2. 警惕家庭财产安全，小心防盗

家中被盗，不仅导致家庭财产损失，而且一旦发生盗窃案，如果家中有人，还会对人员安全造成威胁。故而防灾避险不能不考虑家庭防盗。每一个家庭都应当时时绷紧家庭安全这根弦，时时刻刻想到并做到防盗防窃，保护家庭财产和生命安全。家庭防盗措施如下。

①底层住宅的围墙上，应加插玻璃碎片或装铁栅，朝天井开启的门、窗须加固和安装底插销。防止犯罪分子翻围墙入室，盗窃财物。

②现在居室的门多是三夹板做的，不大牢固。为了把住入室的第一道门，应加装安全防盗铁门。

③门锁要选择优质的"三保险"锁，最好再加装锁链和"猫眼"。

④家中的厨房排风扇口和卫生间的气窗容易给犯罪分子作案提供空隙，请别忘了加装防撬设施。沿街面或公共走道的窗户要安装铁栅栏。

⑤家中贵重物品应妥善保管。现金存放不宜过多，并应分散存放。首饰、存折、有价证券等贵重物品，应放置在不易被人发现的地方。

⑥要养成随手关门的习惯，要经常提醒老人和小孩注意安全，遇到陌生人敲门，要问明对方身份，不要让可疑人员入室。

⑦举家外出，出门前不妨给左邻右舍打个招呼，请他们多加关照，万一发生盗窃和火灾可帮助及时报警和保护现场。

⑧有条件的家庭应考虑安装报警装置、楼宇对讲电控防盗门、门磁开关、紧急按钮、入侵探测器等技术防范装置。

⑨积极配合小区保安管理人员的工作,同时自觉爱护小区内的各种防盗设施。出入公共防盗门要随手关门,不要将公共防盗门的钥匙借给他人,不要为不认识的人开启防盗门。

⑩家居的各个门、窗、排气口、空调口要经常检查,窗、门损坏要及时更换,出入家门随手关锁门,门锁损坏或钥匙有遗失要及时更换。门框门体除美观外,主要是要注意是否坚固,门缝是否密封,固定锁体锁扣部位的门体、门框是否牢固。

⑪夜间睡觉时应当关好门窗、反锁防盗门,注意把厨房、厕所、阳台窗户关好,四楼以下住户切忌开着易攀爬的窗户睡觉。贵重物品及衣物应远离窗口,尽量往房间里边放,防止被人从窗口盗窃。

⑫正确面对窃贼。如果回家时正好发现盗贼正在室内行窃,而窃贼尚未发现有人回来时,可以迅速到外面喊人,并同时叫他人报告公安机关,以便将窃贼人赃俱获。如窃贼有汽车等交通工具,则要记下车牌号。

假如室内的窃贼已经发现来人,则要高声呼叫周围的居民群众,请大家协助抓住案犯,并扭送到公安机关。如果家住楼房,则要记住窃贼的相貌、体态、衣着等,边喊边往下跑,以免窃贼狗急跳墙。

对发现有人来立即逃跑的窃贼,要及时追出查看其逃离方向,认准其体态、相貌、衣着、可能丢下或带走的工具、车辆。未成年人发现窃贼时要及时报告家长、老师,并拨打"110"报警电话报告公安机关。

如果窃贼求饶或花言巧语辩解时,千万不要对其心生怜悯而失去警惕。应讲究斗争策略,表面上可以装出没看见、无所谓的表情,先稳住窃贼,防止他对你施行伤害,然后寻找机会逃离现场报警。

发现被偷盗以后,要尽量镇静,马上去派出所报案。家中被盗,一定保护好现场,先不要乱动,也不要到处走动。如果你家中投保过家庭财产保险，不要忘了通知保险公司。

3. 关注食品卫生，防范食物中毒

家庭食品中毒常见的表现是腹泻、腹痛、恶心、呕吐等肠胃不适的症状，严重的会导致发烧、头晕、痉挛、昏迷、甚至死亡。因此平时在饮食方面要多注意，讲究饮食卫生。

(1) 家庭防范食物中毒要点

①选购新鲜、安全的食品。在购买食品时应到大型的市场、超市，在选购食品时应当确保新鲜，定型包装食品应在保质期内食用，不购买和食用来源不明的食品。肉、蛋、禽和水产品要购买经过卫生检疫部门检验的产品。

②彻底加热食品。食品加热应炒熟煮透，如无凉菜加工条件，应慎吃凉菜。

③妥善存储食品。食品必须贮存在合适的条件下，贮存的容器要密闭，以防止老鼠、蟑螂、苍蝇等污染食品。

④避免生、熟食品接触。要把生、熟食品分开存放，生食品用具与熟食品用具分开使用。

⑤保持厨房卫生。厨房应当有相应的通风、冷藏、洗涤、消毒、排污等设施，且布局合理，防止加工过程中交叉污染。厨房应当保持清洁，食品残渣、碎屑或残余物应当每餐清理，食品制备用具必须保持干净。接触餐具和厨房用具的抹布应当在每次使用之前彻底清洗，煮沸消毒。

⑥夏秋季节要特别加强细菌性食物中毒的预防。熟食应在4小时内食用，卤菜出锅后应尽快冷却，以免残留细菌繁殖。多吃醋、蒜，有利于预防细菌性食物中毒。

⑦加工制作食品时应讲究个人卫生。在加工食品前和间歇时要洗手，尤其如厕后和收拾生鱼、生肉、生禽之后，必须洗净。

⑧平常饮食中严格注意：不吃不新鲜的食物和变质食物；不吃来路不明的食物；注意食品保质期和保质方法，过期食品不要吃；不自行采摘蘑菇和其他不认识的食物食用；加工菜豆、豆浆等豆类食品时，一定要充分加热；不吃发芽、发霉的土豆和花生；一定不要采摘和食用刚喷洒过农药的瓜果蔬菜；食用蔬菜水果前要用清水浸泡一段时间，以去除果菜表面残留的农药；注意生熟食品分开存放；保持厨房清洁；烹饪用具、刀叉餐具等都应用干净的布揩干擦净；处理食品前先洗手；动物身上常带有致病微生物，一定不要让昆虫、兔、鼠和其他动物接触食品；饮用水和厨房用水应保持清洁干净，若水不清洁，应把水煮沸或进行消毒处理。

4.警惕燃气中毒，掌握自救方法

家庭燃气中毒主要是煤气灶具泄漏或是使用煤炉烤火或煤气热水器时通风不畅。有一些是因为烧煤时房内烟囱安装不合理，筒口正对风口或遇刮风、阴天、下雪等低气压天气，室内积蓄的煤气无法及时排出，人又并不太容易察觉而引起的。

（1）家庭煤气中毒的防范

要防范煤气中毒，家庭一要做到合理配备安装烟筒。煤火炉必须配备烟筒，烟筒接口要严密，这样即使产生少量的煤气也会顺着烟筒排到屋外，需要注意的是，烟筒口最好开在下风向，这样就会避免煤气被风吹回室内，同时，还要经常检查烟筒，以防破损、堵塞。

二要特别注意室内通风换气，不要把门窗糊得太严，最好在窗户上留个通风孔，以利于空气流通。经常检查煤炉、煤气开关与管道有无漏气，火炕有无裂缝，如有应随时维修，以防中毒。

三是烧煤炉做饭或取暖生煤火时，最好在屋外点好，等火着旺后再搬到屋里，如果条件允许，晚上睡觉前最好将煤炉搬到屋外。有人以为在炉边放盆冷水就可以防止煤气中毒，实际是无效的。

四是使用管道煤气或罐装煤气时，要严格遵从"不私自更改煤气管道设施"等安全使用煤气的规定。燃气热水器应与浴池分室而建，并经常检查煤气与热水器连接管线的完好。

（2）煤气中毒后的三类症状

一是轻度中毒，主要症状仅有头晕、头痛、眼花、心慌、胸闷、恶心等症状。如迅速打开门窗，或将患者移出中毒环境，使之吸入新鲜空气和休息，给些热饮料，可不治自愈，很快恢复正常。

二是中度中毒，除具有轻度中毒的症状外，还烦躁不安、精神极度兴奋或错乱，出冷汗，四肢发凉，脉搏细弱，血压下降，呼吸微弱或呼吸困难，呕吐，全身瘫痪无力，并逐渐进入虚脱昏迷。这时患者口唇、两颊、胸部与四肢皮肤潮红，如樱桃色。如得到及时、有力的抢救，上述症状可以缓解，一般不留后遗症。

三是重度中毒，患者因中毒时间较长，吸入一氧化碳量在血液中的浓度达到每升5毫克以上，患者出现深度昏迷，大小便失禁，全身软瘫，瞳孔散大，呼吸浅而不规则，皮肤由樱桃红变为灰白或紫色，血压极度下降,出现心肌损害和脑、肺水肿严重症状与体征。这时即使挽救了患者生命也会留有痴呆、瘫痪、震颤与共济失调、神经炎、全盲或半盲、肢体坏疽和大小便失禁等严重后遗症。如果抢救不及时会死亡。

（3）家庭煤气中毒后的急救措施

发现有人煤气中毒时,应当争分夺秒地进行抢救。家庭急救要做到紧张有序,按照以下4个步骤进行：

一是打开门窗转移患者：首先要打开门窗将患者从房中搬出,搬到空气新鲜、流通而温暖的地方,同时关闭煤气灶开关,或将煤炉抬到室外。

二是人工呼吸急救。

三是注意保暖预防感冒：给患者盖上大衣或毛毯、棉被,防止受寒发生感冒、肺炎。可用手掌按摩患者躯体,在脚和下肢放置热水袋,促进吸入毒物的消除。

四是重症患者要尽快送医院。

5. 重视用电安全,学会触电救援

家庭安全用电尤其重要,使用用电器、安装电器电线等,都务必严格按照规范操作,高度重视安全用电,防范触电事故发生。

（1）家庭安全用电要点

一是每户家用电表前必须装有总保险,电表后应装有总刀闸和漏电保护开关。任何情况下严禁用铜、铁丝代替保险丝。保险丝的大小一定要与用电容量匹配。更换保险丝时要拔下瓷盒盖更换,不得直接在瓷盒内搭接保险丝，不得在带电情况下（未拉开刀闸）更换保险丝。烧断保险丝或漏电开关动作后，必须查明原因才能再合上开关电源。任何情况下不得用导线将保险短接或者压住漏电开关跳闸机构强行送电。

二是家用配电设备不能满足家用电器容量要求时，应予更换改造，严禁凑合使用。否则超负荷运行会损坏电气设备，还可能引起电气火灾。

三是使用家电电器安全。购买家用电器时应认真查看产品说明书的技术参数（如频率、电压等）是否符合本地用电要求。要清楚耗电功率多少、家庭已有的供电能力是否满足要求，特别是配线容量、插头、插座、保险丝具、电表是否满足要求。还应了解其绝缘性能：是一般绝缘、加强绝缘还是双重绝缘。如果是靠接地作漏电保护的，则接地线必不可少。即使是加强绝缘或双重绝缘的电气设备，作保护接地或保护接零亦有好处。带有电动机类的家用电器（如电风扇等），还应了解耐热水平，是否长时间连续运行。要注意家用电器的散热条件。安装家用电器前应查看产品说明书对安装环境的要求，特别注意在可能的条件下，不要把家用电器安装在湿热、灰尘多或有易燃、易爆、腐蚀性气体的环境中。

四是敷设室内配线时，相线、零线应标志明晰，并与家用电器接线保持一致，不得互相接错。家用电器与电源连接，必须采用可开断的开关或插接头，禁止将导线直接插入插座孔。

凡要求有保护接地或保安接零的家用电器，都应采用三脚插头和三眼插座，不得用双脚插头和双眼插座代用，造成接地（或接零）线空当。家庭配线中间最好没有接头。必须有接头时，应接触牢固并用绝缘胶布缠绕，或者用瓷接线盒。禁止用医用胶布代替电工胶布包扎接头。

导线与开关，刀闸、保险盒、灯头等的连接应牢固可靠，接触良好。多胶软铜线接头应拢绞合后再放到接头螺丝垫片下，防止细股线散开碰另一接头上造成短路。

家庭配线不得直接敷设在易燃的建筑材料上面，如需在木料上布线，必须使用瓷珠或瓷夹子；穿越木板必须使用瓷套管。不得使用易燃塑料和其他的易燃材料作为装饰用料。

接地或接零线虽然正常时不带电，但断线后如遇漏电会使电器外壳带电；如遇短路，接地线亦通过大电流。为了安全，接地（接零）线规格应不小于相

导线，在其上不得装开关或保险丝，也不得有裸露接头，并安装漏电保护器。

五是接地线不得接在自来水管上，因为现在自来水管接头堵漏用的都是绝缘带，没有接地效果；也不得接在煤气管上，以防电火花引起煤气爆炸；也不得接在电话线的地线上，以防强电窜"弱电"；更不得接在避雷线的引下线上，防雷电时反击。

所有的开关、刀闸、保险盒都必须有盖。胶木盖板老化、残缺不全者必须更换。脏污受潮者必须停电擦抹干净后才能使用。电源线不要拖放在地面上，以防电源线绊人，并防止损坏绝缘。

六是消除家中电器隐患。家用电器通电后发现冒火花、冒烟或有烧焦味等异常情况时，应立即停机并切断电源，进行检查。移动家用电器时一定要切断电源，以防触电。发热电器周围必须远离易燃物料。电炉子，取暖炉、电熨斗等发热电器不得直接搁在木板上，以免引起火灾。

七是重视接触安全。禁止用湿手接触带电的开关；禁止用湿手拔、插电源插头；拔、插电源插头时手指不得接触触头的金属部分；也不能用湿手更换电气元件或灯泡。对于经常手拿使用的家用电器（如电吹风、电烙铁等），切忌将电线缠绕在手上使用。

对于接触人体的家用电器，如电热毯、电油帽、电热足鞋等，使用前应通电试验检查，确无漏电后才接触人体。禁止用拖导线的方法来移动家

用电器；禁止用拖导线的方法来拔插头。使用家用电器时，先插上不带电侧的插座，最后才合上刀闸或插上带电侧插座；停用家用电器则相反，先拉开带电侧刀闸或带电侧插座，然后才拉开不带电侧的插座。紧急情况需要切断电源导线时，必须用绝缘电工钳或带绝缘手柄的刀具。抢救触电人员时，首先要断开电源或用木板、绝缘杆挑开电源线，千万不要用手直接拖拉触电人员，以免连环触电。

八是随手关闭电源。家用电器除电冰箱这类电器外，都要随手关掉电源特别是电热类电器，要防止长时间发热造成火灾。严禁使用床开关。除电热毯外，不要把带电的电气设备引到床上，靠近睡眠的人体。即使使用电热毯，如果没有必要整夜通电保暖，也建议发热后断电使用，以保安全。家用电器烧焦、冒烟、着火，必须立即断开电源，切不可用水或泡沫灭火器浇喷。

九是经常检查电器电线。对室内配线和电气设备要定期进行绝缘检查，发现破损要及时用电工胶布包缠。对经常使用的家用电器，应保持其干燥和清洁，不要用汽油、酒精、肥皂水、去污粉等带腐蚀或导电的液体擦抹家用电器表面。家用电器损坏后要请专业人员检查或送修理店修理；严禁非专业人员在带电情况下打开家用电器外壳。

（2）触电后的紧急抢救方法

发现有人触电后，应立即使触电者脱离电源，最妥善的方法是立即将电源电闸拉开，切断电源，确保伤者脱离接触电缆、电线或带电的物体。如电源开关离现场太远或仓促间找不到电源开关，则应用干燥的木器、竹竿、扁担、橡胶制品、塑料制品等不导电物品将触电者与电线或电器分开，或用木制长柄的刀斧砍断带电电线。分开了的电器仍处于带电状态，不可接触。救助者切勿以手直接推拉、接触或以金属器具接触触电者，以保自身安全。

若伤者清醒、呼吸、心跳自主，应让触电者就地平卧，严密观察，并送附近医院急救。

6. 做好老人、儿童的日常安全防护，减少意外伤害

一般而言，但凡危险降临时，老人和孩子往往是受伤害最重也是最容易受伤害的弱势群体。所以家庭防灾避险万不可少了对老人、儿童的防护，要教会他们临危不乱，有效保护自己，减少伤害。

家中有老人，平常就要确定固定救助人。选择几位身边的邻居、亲戚朋友作为紧急情况时老人的救助人。而且这几个人需是老人信任之人，知晓老人的状况和需求并能在最短的时间里提供帮助。

对家中老人的整体状况进行个人评估。身体状况、疾病状况、生活能力状况、饮食习惯、精神状况等，都要考虑周全，必要时聘请专人照顾。自己要对常见灾难应对措施做到心中有数。并把这些情况详细告知老人。

了解社区预警系统，关注社区的信息发布途径，以便及时获得信息。在本社区登记家庭和老人的情况，便于灾难发生时专门人员上门服务。

如果老人自己在家，防灾避险要注意：准备好急救用品，以备不时之需。记下本地公安、消防、急救等部门和红十字会的地点与电话。在轮椅、拐杖、助走器等必需设备上贴上标签。为老人手边准备方便叫人的电铃。将诸如心脏助搏器这类重要医疗设备的型号和序号记录下来。

预先安排好紧急疏散时需要的交通工具。预先补充处方药。记下24小时营业的药房的电话号码。将紧急电话号码贴在电话机旁边。老人随身携

带重要联络电话号码和自身医药数据。老人要掌握从家里疏散的最佳途径并经常进行练习。老人应与家人邻居保持联络。老人应将自己的应急计划内容告诉他人。

如果家中有儿童，一定要有应急计划，并且鼓励孩子参与进来。让孩子随身携带信息卡，记录个人和家庭联络人等信息。平常家长需仔细告知孩子应急常识。如什么是灾难；举例说明身边可能发生的事件，如火灾、暴雨等；教会孩子如果突然断水、断电或者电话失灵怎么办；教会孩子识别常见的警示符号；告诉孩子灾难发生时，镇静等待援助；教会孩子什么情况应该呼救以及如何拨打报警电话；无论多小的孩子都要教会他拨打电话（可以采用图画和颜色识别等多种方式）；教会孩子初步易懂的急救技巧；教给孩子简单易懂的具体灾难应对常识；告诫孩子凡事都要听取父母的建议；经常提醒孩子千万不要轻信陌生人。

灾难来临时家长应通过多种途径了解和密切关注孩子所在学校的信息。发生区域性紧急情况时，学校通常为最佳庇护场所，为了自身安全和学校安全，家长不可随便去接孩子。

灾情发生时如果和孩子在一起，要尽最大力量保护孩子；尽量全程陪在孩子身边，任何时候也不能让孩子感到孤立绝望；随时给予孩子安慰，鼓励孩子战胜灾难。

灾难过后和孩子交流并听取他们的心声。尽量避免让孩子在电视中看到关于灾难发生的实景录像。适当地告诉孩子当前的灾难现状以及下一步的打算。家庭尽快恢复日常的工作、学习、玩耍、吃饭和休息等活动。

当孩子受到惊吓，要及时安抚，引导孩子走出阴影。灾难后，孩子们一般都会担心灾难的再次发生、害怕亲人受伤或死亡、怕自己会成为孤儿或者离开家庭。所以，要尽可能地为孩子提供可靠的信息，免除孩子们的担忧。

7. 备好家庭急救包，危急时刻保护自己救助家人

要更好地防灾避险，准备家庭急救包非常必要而且重要。

需要注意的是，家庭备药除个别需要长期服用的药品外，备量不可过多，以免备量过多造成失效浪费。

要注意药品均有有效使用期和失效期，过了有效期便不能再使用，否则会影响疗效，甚至会带来不良后果。散装药应按类分开，并贴上醒目的标签，写明存放日期、药物名称、用法、用量、失效期，每年应定期对备用药品进行检查，及时更换。

内服药与外用药应分别放置，以免忙中取错。药品应放在安全的地方，防止儿童误服。

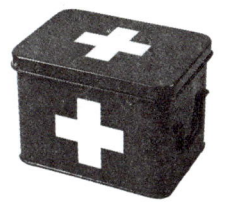

另外，家庭不仅需要常备急救药箱，更需要掌握必要的急救知识，这能在一定的程度上减少意外伤害所致的严重后果。要经常检查急救包内药品的生产日期和保质期，确保急救包内所有药品都在保质期内，防止过期误服造成更大的麻烦。

除了常用的药品，家庭急救包里也有必要准备一些常用医疗器材。包括创可贴，纱布，弹性绷带、急救毯、三角巾、医用手套、退热药、心脏病急救药、烧伤药、消毒用品等。个人可以根据以上物品自行配置，但药品食品等要注意定期更新。

8.防抢防骗防车祸，保证外出安全

(1) 家中抢劫防范与自护要点

抢劫是一种令人痛恨也极容易给受害人带来身心伤害的犯罪，所以，每一个人都应当时时提高警惕，加强防护，远离抢劫。并学会遭遇抢劫时的自救措施，有效自救，以防伤害。

不少犯罪分子经过事先踩点，发现居民家中只有老人、妇女、小孩时，就会找各种借口骗取他们的信任。比如说是某某的同事或说帮某某送东西。在一些管理不规范的住宅小区或商店，一些案犯胸口挂着假工作证，说是上门登记户口或清点暂住人员。犯罪分子进屋后，当发现力量对比很悬殊时，便会实施抢劫。

有陌生人称替家人代送物品时，不妨打个电话先核实一下，向家人问清楚情况后再开门，千万不要轻信陌生人，马上开门。

生活中常遇到上门推销的情况，请记住天上不会掉馅饼，应一概拒绝，不要与其纠缠，更不要开门让其进屋。

家中只有老人、小孩时，如果有人以抄水表、煤气表、维修之类理由想进家门，在无法确定真假时，不妨婉言拒绝，千万不要轻易开门。

独居女性在家可以同时打开几个房间的灯，不要暴露家中只有一人；可以在家门口放双男人的鞋或在阳台挂件男人的衣服暗示家中有男人；搞好邻里关系，彼此互帮互助，共同对付犯罪分子。

当女性独自搭乘电梯时，一旦发现同乘者不怀好意企图侵扰时，要头

脑冷静，马上站到电梯控制键旁，按下所有楼层的按钮。这样电梯会在每层都停，可以增加被人发现的机会，以便获救。

（2）防街头抢劫的方法

犯罪分子喜欢在偏僻的街道、地下通道、城乡接合部等处伺机作案。作案对象大都为反抗能力较弱的老人、单身行走的女性。犯罪分子骑大功率摩托车趁被害人不备实施抢夺，作案流动性大、突发性强，容易得手；早晨和傍晚天色朦胧，能见度较差，是抢夺案件的主要发案时间。因此，在此时间段行走的市民，更要多加提防。

行走时要边走边察看行走沿线的地形地貌，留意可疑人员，随时保持戒备心理。行走过程中特别要注意与可疑陌生人或障碍物保持必要的安全距离。

尽量不要孤身穿越僻静、人稀、地形复杂、照明条件不好、治安状况差的路段。必须穿越时，要前瞻后望，左顾右盼，快速通过。

不要随身携带贵重物品，做到财不外露。如果携带贵重物品或者进出银行等金融场所，要注意观察周围有无异常，注意摆脱尾随跟踪、企图接近的可疑人员。

遇歹徒行凶抢劫时要做到临危不惧，机智勇敢，沉着应对，并紧急呼救，尽可能发动周围群众共同对付犯罪分子。

遇歹徒行凶要及时采取正当防卫行为，并立即打110电话报警，或到就近的治安联防点、派出所报警。

骑自行车在正常行驶时，如果突然骑不动，首先要将车篓内物品抓牢，将包背在身上，因为常有犯罪分子往后车轮扔布条、钢丝等，等你下车查找原因时趁机抢包。骑车时一定要把挎包背好。女士挎包不可单肩背，应斜挎在身上，以防犯罪分子顺手牵羊。

在乘坐公交车时尽量靠车里站立，保管好自己的物品，不要将随身物品或手机靠近窗口或门口。乘坐火车时，当火车停靠车站时，应将窗口紧闭，并保管好自身物品。尽量乘坐正规的出租车，不要乘坐"黑车"。

抢劫出租车的歹徒的侵害目标主要是营运过程中的小型和微型出租车。作案时间一般选在天黑之后，尤其是深夜。抢劫汽车的歹徒对上、下车的地点选择有一定的局限性，火车站和市区出租车相对集中的饭店、宾馆，往往是他们容易选择的目标。

银行取钱后不管是谁或多或少总有一些现金，因而极易引起犯罪分子的注意，所以要特别注意防范。到银行取大额现款前，应对行动保密。取款时，最好让年轻力壮、行动敏捷、可信可靠的一位或者数位男性家人或朋友陪同。应当备用牢固的袋子装钱，取款后妥善保存。应尽量乘坐私家车或乘坐出租车去银行，最好不要骑自行车、电动车、摩托车或乘坐公交车。取款时做到速取速走，不要在银行门口清点钱款或暴露放钱款的具体位置，能贴身存放就贴身存放。取款过程中及走出银行后，随时注意观察周围是否有形迹可疑人员，并注意与陌生人保持距离。乘坐私家车离开银行时，要检查车辆有无异常，是否放置可疑物品或被动过手脚。

驾车途中，如遇车辆故障、交通事故等意外情况，不要轻易下车，确实需要下车时，车上钱款应有人看守。如无人看守，则应携带在身边。万一遭犯罪分子抢劫、抢夺、盗窃，要保持冷静，尽快想办法报警求助。

（3）防骗技巧

骗术千变万化，花样层出不穷，但是一些基本的诈骗伎俩还是有迹可循的，如果掌握了防骗识骗常识，绝大多数诈骗犯罪都是可以预防和避免的。

①针对犯罪分子谎称帮忙直接转接到相关单位电话的伎俩，一定要明白：公安、银行和通信运营商系统的电话并非一个总机，相互间电话不能

直接转接。

②"眼见非为实",不要轻易相信来电显示的号码。骗子往往通过"任意显号"软件,掩盖其真实号码,并虚假显示国家机关电话号码,骗取市民信任。接到类似电话,不要轻信,有疑问可挂断电话再回拨确认(网关电话"任意显号"功能是单通电话,客户回拨所显号码将拨通所冒充的真实电话,当场询问即可发现问题)。

③警方在办理案件过程中,绝对不会以任何形式收取费用,更不会要求市民转账或开设网上银行进行资金操作,如在网络中遇到此种情况,千万不要去操作,可直接报警。

④不要轻易泄露个人信息。公安、检察、法院等国家机关工作人员履行公务中,需要向公民询问情况时,会当面询问当事人,并制作相关笔录,绝对不会通过电话了解公民账户存款等隐私情况,如果涉及办案,必须当面出具工作证件及相关法律文书,当面进行询问,警方更不会通过电话方式做笔录,也不会在未出示相关身份证明的情况下,要求公民提供银行卡账号、密码、余额等隐私资料。

⑤目前任何公安、检察、法院等部门都未设立"国家安全账号"等名目的银行账号,所以凡是要求将你的存款转存至指定"安全账号""国家安全监理账户"以便"保全资金"的,都是诈骗行为。

⑥储户、银行卡客户千万不要泄漏自己的身份证信息、银行卡号、信用卡验证码、密码;千万不要轻信不明来电,受其诱导去银行为自己账户开通手机银行功能,并与对方提供的手机号码捆绑;千万不要轻信不明来电,受其诱导去银行将自己账户存款转存自己新开户,再持新开户银行卡到ATM柜员机进行所谓"修改密码"(实质是操作转账);任何人包括银行工作人员都无权询问客户的银行卡、账户密码;银行卡客户接收现汇或转账汇款,均不需要持卡到ATM柜员机进行所谓的"接收"操作,ATM柜员机不存在此功能;注意个人账户与单位账户的区别。个人账户名称为

人名，单位账户名为单位全称；绝大多数商业银行的固定客服电话号码长度均只有5位数，9字当头，如遇相关问题拨打对应银行固定客服电话查询。

⑦千万不要相信上门推销。

⑧千万不要贪小便宜，天上不会掉馅儿饼，白来的财千万小心。包括大大低于市场价的货品，都是不可信的。往往贪小便宜吃大亏，骗子总是会充分利用我们贪小便宜的弱点，甩出一定的诱饵引诱我们上钩，最终骗走我们的财产。像上门推销的、各种免费服务和免费礼品的、无端获奖的、高档商品贱价出售的……大多数都是一步一步设下的陷阱。所以，要摒弃那些小贪心，绝不贪图任何不当之财、不当之利，不管多大和多小都不动心，骗子也就再无他法了。

（3）出门要小心防范交通事故

走路时要做到：一定要在人行道内行走，没有人行道，就靠边行走。遵守交通标志、标线规定，随时注意路面情况。不进入高速公路、高架道路或有人行隔离设施的机动车专用道。不在路上扒车、追车、强行拦车或向车辆投掷物品。不翻越、倚坐人行道、车行道和铁路道口的护栏。学龄前儿童在路上行走要有成年人带领，老年人上街最好有人陪伴。

横穿马路要注意以下事项：尽量走人行横道，有过街天桥和地下通道的路段，自觉走过街天桥和地下通道。通过有交通信号控制的人行横道，要遵守交通信号规定。通过没有交通信号控制的人行横道，要注意车辆，不要追逐猛跑。没有人行横道的路段，要在确认安全后直行通过。不要在车辆临近时突然横穿，或者中途倒退、折返。不要翻越道路中间的安全护栏。

骑自行车或电动车时要注意以下方面。

一要不贪图便宜买黑车、赃车，应车铃、车闸、车锁齐全，出门前检查车胎、车闸、电瓶等是否正常。

二是自行车或电动车要在非机动车道行驶，不能因车流量小驶入机动车道。在没有划分机动车道和非机动车道的路段，尽量靠人行道一边行驶。不逆行，不争道抢行，超越前车时不妨碍被超车的行驶。

三是骑车时集中精力，随时保持警觉，注意路面情况以及行人和车辆。双手不离开车把，双脚不离开踏板，不在路上追逐或扶肩并行。不在骑车时打电话、听音乐，不带人或者携带影响行驶的重物。雨雪天或烈日下不撑伞骑车，湿滑或危险路段下车推行。

四要注意转弯前减速慢行，向后观望并伸手示意，前后暂时没有车辆来往再转弯。不要在机动车驶近时猛拐，主动让机动车先行。车辆要停放在存车处或指定地点，有序停放，不妨碍交通。

乘坐汽车、电车等交通工具时注意以下安全要点。

排队等车，有序上车，先下后上，不拥挤；不携带烟花、爆竹、汽油等易燃易爆的危险品上车；不要把头、手伸出车外，以免被窗外的车辆或树枝等物体划伤；乘车时坐稳扶好，没有座位时，双脚自然分开，侧向站立，手要紧握扶手，以免车辆急刹车时摔倒；下车后不要从车前面穿过，等车开走后，看清左右的情况再过马路。

如果自己开车出行，更需要时刻小心，防范车祸。要注意以下几点。

开车速度务必慢一点；不要东张西望，一定要专心；心态稳定平和，不要太紧张，更不要急躁，警惕"路怒症"，需要等候时就耐心等待，切勿和他人抢道、比赛、较劲；一定要严格遵守交通规则，绝不放松一分一秒；杜绝酒驾，开车绝不喝酒，喝酒绝不开车；随时检查车辆，保持车况良好。

9. 野外安全防护，做好预防学会求助

踏青游玩、野外旅行及其他野外活动时，多掌握一些野外安全防护知识，很有必要，譬如鲜艳野生菌有毒，遇蛇不能瞎跑，森林里靠太阳和星星辨别方向、如何求救……这些知识对于防灾避险都非常重要。平时多了解，多积累，在野外才能遇事不慌，从容应对。

（1）野外行走避险要点

走路看双脚，停步察四周。走路时一定注意双脚站稳，特别是在悬崖峭壁、滑坡、坑内等险处行走时，注意四周的地质结构是否稳固。野外不能单人独行，最好结伴而行，两人以上行走距离应在视线之内。行走时最好拿一根木棍，打草惊蛇惊野兽，以防虫蛇伤人。

（2）野外露营避险要点

在搭帐篷之前，必须仔细勘察地势，营地上方不要有滚石、滚木以及那些风化的岩石，一旦发现附近有岩石散落的迹象，绝对不可以再搭帐篷，靠岩石壁越近的地方越要留意，尽量避免在凹状的地方扎营。万一发现滚石，应立即大声喊叫，通知同行伙伴。

露营地要选择在水源附近及有柴火的地方，要避开风口、枯树、陡坡、悬崖、滑坡。

夏季露营地要选在山顶、山脊、湖泊附近，这些地方通常比较干燥、地势较高、通风良好、蚊虫较少。冬季露营地应选在森林和灌木丛，避开易被积雪掩埋的地点，如避开崖壁的背风处。

雷雨天不要在山顶或空旷地上安营，以免遭到雷击。也不要在河滩、河床、溪边及川谷地带建立营地，以防被突如其来的洪水冲走。许多时候，营地都会选择在山脊上或河的两岸，以便欣赏风景。

一切都安顿好后，还需时常注意水源流水量、浑浊情况以及流水声。一旦感觉异常，就要赶快离开。深夜或疲惫时都是导致灾难的主要原因，千万不要粗心或观察不仔细。

要选择离水源近的地方，这样既能保证做饭饮用的用水，又能提供洗漱用水，如果远离水源则会给营地带来很多不便。但在深山密林中，近靠水源会遇到野生动物，要格外小心注意。

建营地时要仔细观察营地周围是否有野兽的足迹、粪便和巢穴，不要建在多蛇多鼠地带，以防伤人或损坏装备设施。要有驱蚊、虫、蝎药品和防护措施。在营地周围遍撒些草木灰，会非常有效地防止蛇、蝎、毒虫的侵扰。

营地的地面要平整，不要存有树根草根和尖石碎物，也不要有凹凸或斜坡，这样会损坏装备或刺伤人员，同时也会影响人员的休息质量。

（3）野外迷路避险要点

在野外迷路是一件很可怕的事情，特别是深入大山深处迷路之后，人迹罕至，如果不能尽快找到正确的方向，很有可能会有危险。所以，学会辨别方向十分重要。

晚上可以通过寻找北极星来定位。先找到北斗七星，通过斗口的两颗星连线，朝斗口方向延长约5倍远，就找到了北极星。北极星指示的就是正北方，然后再辨别东、西、南方，选正确的方向前进。

在白天，可以看太阳的方向来确定基本的方向。如果是阴雨天，难以见到太阳，则可以通过植物辨别方向。一般来说，北侧山坡，低矮的蕨类和藤本植物比阳面发育得更好。树木树干的断面可见清晰的年轮，向南一侧的年轮较为稀疏，向北一侧则年轮较紧密。南面植物枝叶茂密，北面的植物会没那么茂盛。

也可以利用手表来指示方向。将手表时针正对太阳方向，时针与十二点处之间的夹角平分线指向正南北方向。当太阳直射点所在的纬度是你所在的纬度以北，则指向的是正北方向，当太阳直射点所在的纬度是你所在的纬度以南，则指向的是正南方向。

还有更简单的，在一空旷处立一直竿，记下直竿影子的顶点位置，做好标志 A，过十分钟左右，影子的顶点变到另一处，记下位置做好标志 B，此时 AB 两点的垂直平分线为正北方向，向太阳的一方为南。

（4）野外饮水避险要点

在野外要有水，没水是很危险的。但带的水有时有限，如何寻找水源就显得特别重要。一般沿山谷向下寻找比较可行。还可以在下雨时用油布、雨伞、雨衣等积雨成水，待过滤或是澄清后再喝；秋天可以收集露水，夜间撑起胶布可以收集露水（特别适合于森林）；用塑料袋套住植物的叶子，也可以收集一定的水。

在野外有时候找到的是混浊的水，这时需要我们简单地处理净化后再饮用。带了明矾最好不过，直接放进水中净化；没有明矾，可以在竹筒中装木炭、土、沙、石子（分别从上到下排列），然后倒水进竹筒里净化，这个方法还可用于找不到水源时，用来净化小便，过滤后可以喝。如果实在无水，可以找一些含水植物补充水分，如仙人掌等。

（5）野外防蛇虫方法

在野外活动还要注意防蚊虫、防蛇、防蚂蟥、防蜂等。

防蚊虫可以穿长衣长裤；涂上防蚊药水；尽量不在潮湿处逗留；还可以在帐篷周围烧艾叶、青蒿、柏叶等。

防蛇咬，也要穿上长衣长裤，最好在行走前或是扎营前用棍子把边上击打一遍，以吓退蛇虫。若蛇正在自己身边或已爬到身上，千万屏住呼吸不要动，等它慢慢走远；若迎面来蛇不要跑，先向它扔一攻击目标后再逃；出发前最好准备好蛇药，以防万一。

穿好长衣长裤并扎紧裤腿可以防蚂蟥；千万不要随便喝小溪里的水，坐在小溪边时要注意看是否有蚂蟥，可以在鞋上涂肥皂等润滑剂，或是大蒜汁，防蚂蟥爬上来。若发现蚂蟥已叮在身上，千万不能用手拉扯，越扯它会越往身体里钻。

看到蜂窝千万不可扰动它，如果遇到蜂群袭击，千万不要跑，要立即就地卧倒不动，并用衣服或其他物品掩盖暴露之处。

（6）野外食物中毒预防及中毒急救

在野外，饮食的安全也至关重要。野菜、野果都很美味，但有毒的也不少，要特别注意鉴别。像野生的蘑菇，有些是有毒的。一般人都听说过毒菌判断的方法是"颜色鲜艳、外观好看的菌子有毒，不鲜艳的无毒"，其实这种说法是不准确的。比如颜色不鲜艳、不好看的"肉褐鳞小伞""秋盔孢伞"等野生菌也有剧毒，吃了后要人命。而颜色鲜艳、长得好看的"年夜红菇"和"橙盖伞"却无毒。所以以颜色鲜亮与否来判定菌子的毒性，是不科学的。如果不认识野菜、野菌、野果，最好的安全防护办法就是不吃，喜欢的话可以采下来，等辨识清楚后再吃，以免发生伤害。

如果万一不小心吃下了毒物中毒了怎么办？若中毒不深，伤者意识清醒，则需询问伤者，了解伤者吃了什么有毒物。检查伤者的嘴唇、舌头、喉咙有没有化学烧伤的痕迹，若有烧伤痕迹，则代表伤者曾吃了腐蚀性的毒药。需迅速拨打急救电话，通知医院将有中毒患者求医，并告知中毒者服食了哪种毒药或食品、服了多少、病症及服毒的时间等资料。立即将中毒者送到医院，并把盛载毒药的容器或残余的毒药一并带到医院，将有助医生找出解毒剂。

若中毒者意识不清，则不要服用任何东西，也不要令伤者呕吐，这可能使他再吸入自己的呕吐物。需紧急送医救治。

(7) 野外突遇山火避险措施

在野外突遇山火，一定要注意风向，避开火头，跑向草木稀疏处，朝河流、公路方向逃走。若被大火挡路，应走到最开阔的空地中央，并清除自身周围易燃物。有刀的话应当迅速从自己身边开始砍出一个防火圈，阻挡火势。若附近有水，则弄湿全身，遮盖头部。若有水塘、小溪，则赶紧跑到水中央。

若火焰逼近无法脱身，应该伏在空地或岩石上，身体贴地，用外衣遮盖头部，以免吸进浓烟。若在车内，则关闭车窗车门及通风设备。若有可能，急速驾车逃走。也可挖洞藏身，等待大火过去。

大火过后，可逆风而行，弄熄余烟，穿过已烧过的火区寻找出路。

10. 溺水救援，先要做好自我防护

如果在野外溺水，同伴的救援十分重要。但救援溺水者时最重要的一定是先做好自我防护。因为人在溺水时，求生的本能会使其抓住一切能抓住的东西，且力量非常惊人。如果不掌握正确的方法和技巧，就极容易被溺水者紧抱缠身或拖拽入水，最后都沉入水底。所以千万不能贸然下水救人，要采取正确的方式援救溺水者。一般有岸边救援和入水救援两种。

(1) 岸边救援方法

如果溺水的人离岸不远，救援人员可以伏卧在岸边，伸手去拉。如果

手够不着，可以一手抓住岸边树木或木桩等物，身子入水，再伸另一手给溺水者，将其拉上岸。紧急时，也可以用长棍让溺水者抓住，然后拉上岸边。也可脱下衣服，抛向溺水者，将他救援上岸。

如果溺水者离岸较远，可抛以系绳索的救生圈。同时大声告诉他，让他的下巴抵住救生圈上，双手端住圈边。救援者收绳，把他拉上岸来。也可以用充气汽车内胎当作救生圈援救，将内胎推向溺水者，让他抓住内胎浮起，再救援。也可用一长绳，一头系上长形充气囊，另一头连一布兜。此布兜可当救援者的帽子（长发女性适用），也可斜背肩上，像拉纤一样拖拉溺水者。这种气囊可以多用，能弯成救生圈，由岸上投入水中；救援者下水后也可以推给溺水者，让他扶着，再由救援者拉他上岸。如溺水者已不省人事，可将气囊套在溺水者胸前，使溺水者头部浮出水面，由救援者拖拉上岸；救援者也可以将气囊横套在胸部，一手拖拉溺水者。这种救援工具方便实用，很有价值。

除此以外，还可以套在救援人员的身上，以拖带落水人。如果落水人清醒，也可以一头由落水人拉住，另一头由救援人员把他拖带上岸。

（2）入水救人方法

如果当时情况十分紧急，而救助者又具备一定的救护技巧，那么救助者在下水前应尽快脱去衣裤和鞋子。当游到溺水者面前1~2米处，先吸大口气潜入水底从溺水者背后施救，以防被对方困住。万一被溺水者缠住，一起溺亡的可能性非常大，此时要努力说服溺水者冷静。如不奏效可以狠狠重击溺水者后脑，使其昏迷再进行救援。

如果溺水者的意识仍清楚，正在奋力挣扎，或者正直立水中上肢乱划时，可以大声告知：救援已到，使他平静。但如溺水者正在下沉，救援的主要目标，是千方百计使溺水者的头露出水

面，这也是使溺水者不至乱抓乱动的重要一步，并且设法使他直立的身体仰卧水面，这样可增大浮力。

最好从溺水者的背后接近他，然后一手插入到他的腋窝，再把他上托；如果已握住溺水者的双足，也可以把他的身体上抬；或者在溺水者的头前，拉住他的一只手，使他翻身仰卧，随即抓住肩膀，仍以他的头面外露为关键。

如果岸边距水面很高，可将溺水者带到岸旁，双手伸向岸上，用一手压住溺水者的双手，自己先爬上岸，再将他的双手上提，其腰部平齐岸边时，就可让他的上半身趴在岸上，然后跪下将溺水者下肢捞起。

水下救人最危险的情况，是救援者被溺水者抓住。想避免被抓，就要从溺水者后背把他的身子托起。倘若已被抓住手臂，只要肩膀和手未被抓，就可以顺水推舟，把他拖带上岸，不必挣脱。如果溺水者乱抓，就要立即抓住他的一手，但自己的身子要远离，不要挨近他，然后让他的头外露水面，拖拉回岸上。

如果两人落水且互相紧抱，救援人员可双手抱住其中一人的下巴，以双足蹬开互抱者的双肩，两人也就分开了。再一手一人，将他们拖带上岸。

如果和溺水者两人面对面地贴身直立，而溺水者的双手已紧紧地搂住你的头或颈，就必须立即用自己双手抓住溺水者的上臂，用力上抬；同时，缩头低身以摆脱他的紧抓。然后再把他托露水面。

假如颈部已被溺水者搂住，则立即抓住溺水者的一只手腕，另一手抓住他的肘弯；用力把被他抓住的上臂上举，同时顺势缩颈低身，以脱出他的手圈。这时，自己的双手仍须抓住他的手臂，不要松开；随即将他的手臂拧到他的背后，自己也转身到他的身后。一手仍须抓住他的手腕。另一手托头，使他上浮出水。

如果溺水者从背后搂住颈项，双手死抱不松。就要用自己的双手分别抓住溺水者的双肘，用力上托，自己趁势低身缩头，脱出手圈。

遇到一个溺水者已将一救援者紧抱，下水去救他们时，不妨采取如下办法：若离岸较近，可拉住一人头发，使两人的头面都露出水面，同时迅速游向岸边。如距岸较远，就应把两人分开。双手放在被抱者的下颌处，双足分别蹬住抱人者的左右肩头，然后用力蹬腿，双手仍紧抱一人的下颌不松手，就可将两人分开。

（3）溺水者出水后的急救

在水中，就应开始口对口吹气。对于昏迷已无呼吸的溺水者，只要头一露出水面，就要开始做口对口吹气的人工呼吸。

上岸后，应首先快速查看一下溺水者口鼻。如发现有东西堵塞，要立即清除。这些查看和清除动作越快越好，应在十几秒钟内完成。但如胃内积水太多，可以火速控一控水。不过，控水时间不宜太长。

上岸后发现落水人的口内不断有水外流，则说明他的胃内进去了不少水。这时，就有必要把他胃内的水倒出来，进行控水。

如溺水者已无呼吸，应积极做口对口人工呼吸。为了先使溺水者的肺内充气，头几次可口对口吹气，应快而用力。做人工呼吸的同时，要留心一下心跳。如果心跳已消失，要立即同时做心脏按压。

若心跳尚有但无力，可能是血压过低，应该进行抗休克处理。同时，要快速检查有没有其他严重创伤，并立即请医生前来做进一步处理。

11. 重视环境污染，采取措施减少危害

当有突发环境污染事件发生时，不要惊慌失措，不要传播谣言，更不

要围观现场，应及时向有关部门和医疗急救中心报告，并按照有关单位的指令采取防护措施或应急行动。不同的有毒有害气体泄漏时，其自救与逃生的方法有很大差异，应听从政府或应急部门的指挥，选择正确的逃生方法，快速撤离现场。

发现事件后快速拨打12369环保举报热线，对所报告事件应客观描述，讲清楚事发的具体地点、时间、举报人姓名及联系方式等，这有利于相关工作人员迅速到现场进行检查，也便于有关部门及时回复处理结果。

（1）水污染事件的应对方法

当饮用水（含农村井水）被污染，出现变色、变浑、变味情况，应立即停止使用，并及时向卫生监督部门或疾病预防控制中心报告，同时告知居委会、物业部门、村委会和周围邻居停止使用。

如果不慎饮用了被污染的水，应密切关注身体有无不适。如出现异常，应立即到医院就诊。

在接到政府管理部门有关水污染问题被解决的正式通知后，才能恢复使用饮用水或井水。可以用干净容器留取3~5升水，提供给卫生防疫部门进行检验，以便找出污染原因。

农村井水被污染，最好是将原来的井水抽干，清理井壁并撒漂白粉进行消毒，送检合格后方可使用。

为保证生活饮用水卫生，防止肠道传染病的发生与流行，应对饮用水进行消毒处理后再饮用；饮水机要定期清洗和消毒；存水用具必须干净，并经常倒空清洗；煮沸是安全有效简便的消毒方法，可有效杀死微生物，提升饮用水的安全品质。另外，也可以根据个人的需求选择一些适宜的净水器。

（2）空气污染的避险与防护

空气污染不仅能通过物理、化学、生物的侵蚀作用对周围物体产生破坏性影响，而且污染气体经呼吸系统（肺部）、皮肤表皮等部位对我们的呼吸道系统、神经系统、免疫能力、皮肤、肝脏、内分泌系统等产生毒害作用。同时能影响人的精神状态，易于出现疲劳、紧张等不良反应，降低工作、学习效率。

在空气质量较差的环境中生活和工作，一般会引起呼吸功能下降、呼吸道症状加重，有的还会导致慢性支气管炎、支气管哮喘、肺气肿等疾病，肺癌、鼻咽癌患病率也会有所增加。另外，在室内环境中，特别是在通风不良、人员拥挤的环境中，一些致病微生物容易通过空气传播，使易感人群发生感染。一些常见的病毒、细菌引起的疾病如流感、麻疹、结核等呼吸道传染病都会借助空气在室内传播。我们自己也要主动防御，尽量减少空气污染的危害：

一是佩戴防护口罩。挡住空气颗粒物，戴防护口罩还是最有效的方法，但并非人人都能戴。比如儿童就不适合，特殊情况人群如哮喘、肺气肿患者在戴防护口罩前应咨询医师。

二是关闭门窗。正常情况下，开窗通风是改善室内空气质量的最佳方法。但在室外空气质量较差时，应关闭门窗。

三是安装空气净化器。值得注意的是，应选择在使用过程中不产生臭氧及其他副产物的净化器。使用中应按说明定期更换过滤及吸附材料，防止二次污染。

四是减少外出/户外锻炼。减少外出，特别是患有慢性呼吸道疾病，如哮喘、慢性咽喉炎、过敏性鼻炎、心血管疾病的患者，以及老人、小孩、孕妇等。

五是雾霾一般在早上比较严重，到了下午和傍晚，则会逐渐减轻，因此，遇上雾霾天气最好暂停晨练，尽量把户外锻炼改在室内进行。

六是注意个人卫生。雾霾天出门后进入室内时，要及时洗脸、洗手、漱口、清理鼻腔，以防止PM2.5对人体的危害。洗脸时最好用温水，利于洗掉脸上的颗粒；清理鼻腔时可以用干净棉签蘸水反复清洗，或者反复用鼻子轻轻吸水并迅速擤鼻涕，注意要避免呛咳。

七是宜清淡饮食。多吃维生素及抗氧化食品，可帮助清除PM2.5携带的致癌物在体内形成的自由基；少吃刺激性食物，多吃新鲜蔬菜和水果，以补充各种维生素和无机盐，并润肺除燥、祛痰止咳、健脾补肾；还可以多吃点豆腐、牛奶等食品；除此之外，自制润喉茶也是不错的选择，可以解决嗓子干燥、咳嗽的问题，同时减少空气污染对肺部的危害。

八是减少吸烟甚至不吸烟。吸烟可导致PM2.5浓度瞬间升高，并对周围人群有直接或间接的危害。如果您无法制止周围的人吸烟，可尽量远离烟雾。

12. 警惕致命传染病，尽早做好预防

传染病是由细菌、病毒、寄生虫等特殊病原体引发的、具有传染性的疾病。其主要特征是：有特异的病原体；有传染性；有流行性、季节性、地方性；有一定潜伏期；有特殊临床表现，包括高热、肝脾肿大、毒血症、皮疹等。现在致命的传染病还有很多，艾滋病、禽流感、肝炎、非典等都是致命性的，需要我们多加防范。

（1）艾滋病及防范

艾滋病的全称为获得性免疫缺陷综合征，是由人类免疫缺陷病毒（也称艾滋病病毒HIV）引起的一种严重传染性疾病，病死率极高。艾滋病病毒主要破坏人体的免疫系统，引起各种机会性感染和恶性肿瘤。艾滋病感染者是指艾滋病病毒抗体阳性，无症状或尚不能诊断为艾滋病的患者。艾

滋病病毒感染者经过平均7～10年的潜伏期，发展成为艾滋病患者，他们在发病前外表上与常人无异，可以没有任何症状地生活和工作多年，但能将病毒传染给他人。

艾滋病病毒感染者和艾滋病患者是艾滋病的传染源。已经证实的传播途径主要是三种：性接触传播、血液传播、母婴传播。

艾滋病虽然可怕，却是可以预防的。只要截断这三种传播途径，基本上就完全可以阻断传播。

阻断性传播，要洁身自爱，无性乱行为，提倡安全性生活，使用避孕套。家庭中夫妻间性生活也应该使用避孕套；被艾滋病患者、感染者的血液、分泌物、排泄物等污染的物品要及时消毒处理；有创伤、皮肤病时不要去照顾患者或感染者；衣物分开洗涤。接触者定期到医院检查。

阻断血液传播，献血、输血都要在正规医院进行，献血的血液应经过艾滋病毒抗体检测；严禁吸毒、贩毒；尽可能使用一次性注射器或对注射器进行严格消毒；医务工作者应注意避免外伤、针刺伤等意外事故，避免直接接触患者的血液、分泌液等。

阻断母婴传播，感染艾滋病的妇女不应怀孕；如已经怀孕，要在孕妇分娩前3个月给予治疗艾滋病的药物；不用母乳喂养；不接受有危险的免疫。

（2）禽流感的防范

禽流感是禽流行性感冒的简称，又称真性鸡瘟或欧洲鸡瘟，是一种由甲型流感病毒的亚型引起的传染性疾病综合征，被国际兽疫局定为A类传染病。人类直接接触受H5N1病毒感染的家禽及其粪便或直接接触H5N1病毒也会受到感染，发病后死亡率高达60%。

H5N1型禽流感病毒目前还处于由禽类传染给人的阶段。然而，如反复发作，一旦病毒基因发生变异，就有可能变成人与人之间传播的新型流感。

禽流感早期症状类似流感，主要表现为发热、流涕、鼻塞、咳嗽、咽痛、头痛、全身不适等症状。年龄较大、治疗过迟的患者会因病情迅速发展成进行性肺炎、急性呼吸窘迫综合征、肺出血、胸腔积液等多种并发症而死亡。

禽流感的传播途径有空气传播、食物传播和接触传播三种。病禽粪便中，以及病禽咳嗽和鸣叫时喷射出的 H5N1 病毒在空气中漂浮，人吸入呼吸道被感染就会发生禽流感。食用病禽的肉及其制品、禽蛋，食用病禽污染的水、食物，用被污染的手拿东西吃，都可能受到传染而发病。损伤的皮肤和眼结膜容易感染 H5N1 病毒而发病。

防治禽流感，要从传播途径着手。一是勤洗手，特别是接触过禽类后一定要洗手；二是鸡蛋和鸡肉一定要煮熟后食用。不吃半熟的白斩鸡、醉鸡、半熟的鸭鹅肉，不吃半熟鸡蛋。到正规场所购买经过检疫的禽类制品，不自行宰杀食用。三是注意高温消毒，60℃下加热 10 分钟，70℃下加热数分钟就可杀死病毒。阳光直接照射也可以消毒，照射 40 到 48 小时均可消毒。乙醚、丙酮等有机溶剂和常见家用消毒药品亦可。四是平常加强锻炼，增强体质，提高免疫力。五是注意不要让小孩触摸、拥抱禽类动物，更不要带小孩去禽类市场。养鸟类宠物也需特别重视消毒。笼舍要保证通风和卫生。与鸟接触后及时洗手。鸟患病后，及时联系兽医诊治。

（3）炭疽热的防范

炭疽热是一种罕见的由细菌引起的疾病，它通常在动物中出现，如猪、牛、羊、鹅等。炭疽细菌不能直接在人与人之间传播。疾病症状与患者感染该细菌的方式有关，通常在感染后一到七天内发作，但有时潜伏期可达 60 天。

炭疽热的传染有三种途径：接触性传染、食入性传染和吸入性传染。破损皮肤接触到炭疽孢子就会被传染。最初的症状是出现使人发痒的小肿块，接着出现疼痛的，中心为黑色的水疱，感染部位的淋巴也会肿大。食用被感染的肉类也会被传染。最初症状是恶心、呕吐、缺乏食欲、发烧，接下来是腹痛、呕血、严重痢疾。吸入炭疽孢子更易被传染。最初症状类似于普通流感，包括发烧、咳嗽、头痛、虚弱、呼吸困难、胸部不适等。几天之后，症状恶化为严重的呼吸困难，发抖。这种类型的炭疽病如不及时就诊，会导致生命危险。

防治炭疽病关键是做好预防。死于炭疽病的动物要焚烧深埋；严禁剥食贩卖炭疽死畜的肉和皮毛；可能感染炭疽病的畜牧业、屠宰业从业人员应接种疫苗；如果发现自己出现炭疽症状要及时到医院确诊治疗；收到可能有炭疽细菌的邮件，要轻放，避免孢子散入空气中，然后立刻洗手并报警。

（4）病毒性肝炎

病毒性肝炎是由肝炎病毒引起的、以肝脏损害为特征的一组传染病。我国人群中甲型肝炎病毒的感染率高达80%，发病率居病毒性肝炎首位，占40%~50%。

肝炎患者或无症状携带者可成为病毒性肝炎的传染源。病毒性肝炎的传播途径可分为两种：一种主要经胃肠道传播，如甲型；另一种主要经血液传播，包括母婴垂直传播、医源性传播（如使用不洁医疗器械、输血及血液制品等）及性传播等，如乙型、丙型肝炎。人类对各种病毒性肝炎普遍易感，各种年龄均可发病。

急性甲型肝炎起病急，临床表现的阶段性较为明显，可分为3期：黄疸前期、黄疸期和恢复期。总病程2~4个月；急性乙型肝炎起病较慢，常无发热，其他表现与甲型肝炎相似，但部分病例可转变为慢性肝炎。

病毒性肝炎作为一种传染性强、传播途径复杂的传染病，其预防应采取综合措施。

第六章

遭遇突发事故,及时自救互救提高生存概率

突发事故,恰如飞来横祸,避险关键在于如何自救互救,及时逃生,赢得生存机会,最大限度地减少伤害。因而平常要多掌握一些突发事故的紧急处置和自救措施,以保危急时刻平安渡险。

1. 发生交通事故，紧急自救和互救

随着现代交通的飞速发展，交通事故也随之增多。所谓"事故猛于虎"，交通事故往往是突发性的，而且相对而言伤亡也是极为严重的。因此，发生车祸后的紧急处置和救援就显得极为重要。

(1) 车祸现场急救的六大关键

一是放置警示牌。摆放警示标志的重要作用就是可以防止连环车祸发生。在离事发现场至少50米处放置明显的警示牌，高速公路上应在150米外设置警示牌。特殊情况如雨天或道路转弯处，应增加警示牌与事发现场的距离并打开车灯，以防继发性车祸。若没有警示牌，可用备用轮胎代替，并呼叫120。

二是谨慎移动伤者。不要随意移动伤员，若伤员正身处危险境地，如燃烧的汽车内、车辆较多的马路上时，救助者应以不扭动伤员体位的方式，将伤员移到安全的地方。注意应该平行搬运。

三是准确判断伤情。查看伤员的意识、呼吸、颈动脉搏动、骨折等情况，根据受伤情况采取相应的急救手段。

四是正确处理昏迷者。如果伤员昏迷，应垫高其背部，使其头稍后仰并偏向一侧，及时清除口腔中的呕吐物，防止窒息。不要摇晃伤员头部。

五是对心跳、呼吸停止的伤员应尽快施行心肺复苏术。

六是包扎止血，并简单消毒防止感染。用干净的衣物或手帕对伤口进行包扎及止血，保护伤口不受感染。

七是对伴有骨折的伤员进行骨折固定处理。

注意保护自己和伤员。在车祸救治现场，不仅要冷静理智，而且还要注意自身安全，保护伤员安全。车祸发生现场，周围环境通常较复杂，救助者要特别注意保护自己。伤员常伴有颈椎损伤，在搬运伤员的过程中，注意固定伤员头颈部，以免造成二次伤害。

（2）车祸现场的自救和处置原则

车祸的伤害可分为车外伤害和车内伤害。发生车祸的车外伤员，常以挫伤、撕裂伤、骨折、闭合性内脏损伤、脑震荡多见；发生车祸的车内伤员，常以刺伤、挤压伤、骨折、闭合性内脏伤多见。在处理伤员的过程中，应该根据伤员情况作出正确的判断，采取最恰当的处置，为医务人员的抢救争取宝贵的时间。

一是车祸急救的原则。重伤先治，易救的先救。若有断肢、断指（趾）或者脱落的牙齿，都要保存好，一并送到医院。

受伤不论轻重，都应送医院，留院观察，有些症状可能要在伤后过些时间才能显示，不要因为眼前伤轻或无症状而疏漏。

二是发现伤者胸部剧痛、呼吸困难，这种情况可能是肋骨骨折刺伤了肺部。如果怀疑骨折，伤者千万不要贸然移动身体，避免碎骨对内脏造成新的伤害。如果手臂仍可以移动，能够拿到手机，就打急救电话求救，或者呼喊别人帮助。

三是发现伤者腹部疼痛，有可能是肝脾破裂大出血，如果车子有起火等隐患，则要缓慢地离开车。但最好不要长距离走动，同时动作要缓慢，即使是在等候急救车的时候也不要再随意走动。

四是一般性出血极有可能是外伤引起的。撞击或其他原因可能会使司机的头颈部或胸部受外伤。颈部的血管是最重要的部分,最好先检查颈部是否出血。在大量出血时最好能用毛巾或其他替代品暂时包扎,以免失血过多。

五是发现肢体疼痛,肿胀、畸形,可能是骨折后的症状,搬动伤者前一定要确定伤肢不会发生相对移动,否则血管和神经都可能在搬动时受到伤害,对以后的痊愈造成不好的影响。

2. 突发爆炸事故,防范受伤和中毒

面对突如其来的爆炸,大多数人只会感到震惊、恐慌和措手不及。即便是得到救援幸免于难,也会心有余悸。因为爆炸事故都是意外的、突发的、猝不及防的,对人体造成的伤害往往极其严重,而且很多情况是多人同时遇险,需要全体动员,紧急救护,才能减少伤亡和损失。

爆炸的性质不同,造成的伤害也不同。其中,严重的多发伤占较大的比例。主要伤害一是爆烧伤,即烧伤和冲击伤的复合伤,发生在距爆炸中心1～2米范围内,由爆炸时产生的高温气体和火焰造成,严重程度取决于烧伤的程度。二是爆碎伤,即爆炸物爆炸后直接作用于人体或由于人体靠近爆炸中心,造成人体组织破裂、内脏破裂、肢体破裂,失去完整形态;还有一些是由于爆炸物穿透体腔,形成穿通伤,导致大出血、骨折。三是爆震伤,又称为冲击伤,距爆炸中心0.5～1.0米以外受伤,是爆炸伤害中最为严重的一种损伤。四是有害气体中毒,爆炸后的烟雾及有害气体如一氧化碳、二氧化碳、氮氧化合物等,会造成人体中毒。

意外爆炸发生时，应该如何展开救援和自救呢？

①立即组织幸存者自救互救，并向120、110、119报警台呼救。爆炸事故要求刑事侦查、医疗急救、消防等部门的协同救援。在这些人员到来之前保护现场，维持秩序，对伤者进行初步急救。

②检查伤员受伤情况，先救命，后治伤。

神志不清者头侧卧，保持呼吸道通畅。迅速设法清除气管内的尘土、沙石，防止发生窒息。呼吸停止时，立即进行口对口人工呼吸和心脏按压。但伤者已发生心脏和肺的损伤时，慎重应用心脏按压技术，以免造成反效果。

③就地取材，进行止血、包扎、固定，搬运伤员注意保持脊柱损伤患者的水平位置，以防止移位而发生截瘫。

④在意外发生的时候，一定要保持冷静，做好初步的救护措施，就可减轻伤者的伤势甚至脱险。对于骨折等情况最好自己先进行处理，这样更加有利于事后的康复。

3. 突发危险化学品泄漏事故，做好防护等待救援

危险化学品的泄漏，容易发生中毒或转化为火灾爆炸事故。因此泄漏处理要及时、得当，避免重大事故的发生。要成功地控制化学品的泄漏，必须事先进行计划，并且对化学品的化学性质和反应特性有充分的了解。

(1) 泄漏应急处置注意事项

一是进入现场人员必须配备必要的个人防护器具;二是如果泄漏物是易燃易爆的,应严禁火种;三是扑灭任何明火及任何其他形式的热源和火源,以降低发生火灾爆炸危险性;四是应急处理时严禁单独行动,要有监护人,必要时用水枪、水炮掩护;五是应从上风、上坡处接近现场,严禁盲目进入;六是积极封堵泄漏源。

(2) 危险化学品泄漏急救

在事故现场,化学品对人体可能造成的伤害为:中毒、窒息、化学灼伤、烧伤、冻伤等。

进行急救时,不论患者还是救援人员都需要进行适当的防护。这一点非常重要!特别是把患者从严重污染的场所救出时,救援人员必须加以预防,避免成为新的受害者。

应将受伤人员小心地从危险的环境转移到安全的地点。应至少2~3人为一组集体行动,以便互相监护照应,所用的救援器材必须具备防爆功能。

急救处理程序化,可采取如下步骤:先除去伤病员污染衣物——冲洗——共性处理——个性处理——转送医院。

(3) 发生化学事故后自救方法和个人防护

从个人防护角度来说,一旦发现自己周围发生了化学事故,应该迅速拨打"110"报警电话,同时做好防护工作。

一是呼吸防护。确认发生有毒气体泄漏或袭击时,马上用手帕或衣物捂住口鼻,身边如果有水或饮料,最好把手帕和衣物浸湿后再使用。最好能及时戴上防毒面具或防毒口罩。如果时间来得及,可以用纱布或毛巾自己制作简易的防毒口罩,要防止鼻翼两侧漏气。

二是眼睛防护。尽可能戴上和皮肤密合的防护镜或游泳用的护目镜,或者用透明塑料袋罩住头部,在口鼻处开孔。塑料袋开口的地方在颈部用毛巾扎起来，戴上口罩。

三是皮肤防护。如果备有防化服等防护装备，要及时穿戴。没有防护服，就戴上塑胶手套，穿上雨衣、雨鞋，或者用衣物和床单遮住裸露的皮肤。

四是正确撤离。判断毒源和风向，沿上风向或侧上风向，朝远离毒源的地方迅速撤离。

五是清洗和消毒。到达安全地点后，要及时脱下被污染的衣服，用流动的水清洗身体，特别是裸露的部分。

六是积极救治。拨打"120"急救热线，尽快将中毒人员送到医院救治。中毒人员在等待救助时要保持平静，避免剧烈运动，以免加重心肺负担，致使病情恶化。

七是注意饮食。污染区及周边地区的食品和水源，经检测无害后才能食用。

4. 突发恐怖袭击，保持冷静机智逃生

自美国"9·11"袭击之后，恐怖袭击已经成为一些极端组织表达自我的最常用手段，严重威胁各国人民生命财产安全。虽然我们遇到恐怖袭击的概率非常低，但还是需要掌握一些基本的生存技能。

（1）防恐避险的技巧

紧急撤离。路过恐怖事件现场，不要停留，不要拿出手机拍照、发微博，也不要围观。遇到恐袭要保持冷静，在工作人员的指导下快速撤离现

场。如无人指挥,应快速向紧急出口方向转移。在撤离的过程中,尽量避免靠近玻璃窗、货架等容易因挤压、震动而破碎或倒塌伤人的物体。如果正处在恐怖袭击事件现场,且无法逃避时,应利用地形、遮蔽物遮掩、躲藏。

若发生枪击,听见枪响要立刻趴在地上,如可能,可以躲在一些坚硬结实的物体下面或背后,主要保护自己的头部和躯干部位,不要随便乱动。如确实需要移动,应匍匐或尽量压低身体前进,不要让自己成为枪手的目标。

当遇到恐怖事件实施者抛洒不明气体或液体,应迅速躲避,且用毛巾、衣物等捂住口鼻。

当周围发生爆炸时,应快速将身体躲藏在坚固的物体后面。如果身体被建筑碎片或灰尘掩埋,在仍能正常呼吸的前提下,不要随便移动,否则可能导致更大的坍塌。如果必须移动,应尽量用一块布捂住口鼻。在四周粉尘弥漫时不要试图大声呼叫,否则扬起的灰尘有可能使人窒息。当坍塌和扬尘趋于稳定后,可将身体靠近管道或墙壁附近,用嘴对着这些建筑介质呼救,声音将更容易传到救援人员耳中。

如果正面面对恐袭者,切勿激怒对方,尽量不要惊恐喊叫,听从对方的指令,等待救援。

在确保个人安全情况下,进行报警、呼救和救助他人的行为。

平时要提高防范意识,阅读公安部发布的《公民防范恐怖袭击手册》,了解防恐相关知识;发现可疑的人或可疑的物品,要向公安机关报告。

(2)恐怖袭击事件中的现场急救

在恐怖袭击事件现场,通常会采取如下措施对伤员进行紧急救治:一是紧急止血；二是骨折固定；三是烧伤急救；四是休克急救；五是心肺复苏。

5. 突发水上安全事故，掌握方法科学求生

交通事故不仅仅发生在陆上，在乘坐水上交通工具时也需要注意安全。那么在水上遭遇交通事故，应该如何避险自救呢？

（1）翻船时的逃生自救措施

当遇到风浪袭击时不要慌乱，要保持镇静，不要站起来或倾向船的一侧，要在船舱内分散坐好，使船保持平衡。若水进入船内，要全力以赴将水排出去。

如果发生翻船事故，要懂得木制船只一般是不会下沉的。人被抛入水中，应该立即抓住船舷并设法爬到翻扣的船底上。当离岸边较远时，最好的办法是等待求助。

玻璃纤维增强塑料制成的船翻了以后会下沉。但有时船翻后，因船舱中有大量空气，能使船漂浮在水面上，这时不要再将船正过来，要尽量使其保持平衡，避免空气跑掉，并设法抓住翻扣的船只，以等待救助，这也是一种自救的办法。

海上遇到事故需弃船避难时，首先要对浮舟进行检查，清点好带到浮舟上去的备用品，将火柴、打火机、指南针、手表等装入塑料袋中，避免被海水打湿。坐在浮舟上时间过长，会感到不舒服，所以要活动活动手脚，使双臂和肩膀的关节、腿部的肌肉得以放松。同时，应注意保暖，不

要被海水打湿身体。

(2) 船体下沉遇险时的自救

船艇有时会撞到礁石、浮木或其他船只,可能导致船体洞穿,但是并不一定马上下沉,也许根本不会下沉。应该来得及穿上救生衣,发出求救信号,手机、信号弹和燃烧的衣物都可以发出求救信号。除非是别无他法,否则不要弃船。一旦决定弃船,请在工作人员的指挥下,先让妇女儿童登上救生筏或者穿上救生衣,按顺序离开事故船只。穿着救生衣要像系鞋带那样打两个结。

如果来不及登上救生筏或者救生筏不够用,不得不跳下水里,就应迎着风向跳,以免下水后遭飘来的漂浮物的撞击。跳时双臂交叠在胸前,压住救生衣。双手捂住口鼻,以防跳下时进水。眼睛望前方,双腿并拢伸直,脚先下水。不要向下望,否则身体会向前扑摔进水里,容易使人受伤,如果跳的方法正确,并深吸一口气,救生衣会使人在几秒之内浮出水面,如果救生衣上有防溅兜帽,应该解开套在头上。跳水一定要远离船边,跳船的正确位置应该是船尾,并尽可能地跳远,不然船下沉时涡流会把人吸进船底下。

跳进水中要保持镇定,既要防止被水上漂浮物撞伤,又不要离出事船只太远。如果事故船在海中遇险,请耐心等待救援,看到救援船只挥动手臂示意自己的位置。如果在江河湖泊中遇险,如果很容易游上岸边,请尝试。如果水速很急,不要直接朝岸边游去,而应该顺着水流游向下游岸边。如果河流弯曲,应游向内弯,那里较浅并且水流速度较慢。请在那里上岸或者等待救援。

危急时刻人能想起的任何一个电话号码可能都有帮助,不管是110、120、119还是SOS、家人的电话,都可以拨打。打电话时尽量保持冷静,告诉对方自己的位置和出现的险情。

（2）跳水逃生自救的方法

意外水运事故发生时，来不及利用救生设备不得已跳水逃生时，应掌握以下方法。

跳水前尽可能向水面抛投漂浮物，如空木箱、木板、大块泡沫塑料等，跳水后用作漂浮工具。多穿厚实保温的衣服，系好衣领、袖口；如有可能，穿上救生衣。

跳水时，两肘夹紧身体两侧，一手捂鼻，一手向下拉紧救生衣，深呼吸，闭口，两腿伸直，直立式跳入水中。千万不要从5米以上的高度直接跳入水中，尽可能利用绳梯、绳索、消防皮龙等滑入水里。

跳水后要尽快游离遇难船只，防止被沉船卷入漩涡。跳水后如发现四周有油火，应该脱掉救生衣，潜水向上风处游去；到水面上换气时，要用双手将头顶上的油火拨开后再抬头呼吸。

在水中不要将厚衣服脱掉；如果没有救生衣，应尽可能以最小的运动幅度使身体漂浮；会游泳者可采用仰泳姿势。尽可能集中在漂浮物附近。两人以上跳水逃生，应尽可能拥抱在一起，可以减少热量散失、互相鼓励，也易于被发现。有救助船只或过路船只接近时，应利用救生哨等呼叫，设法引起对方注意，争取尽早获救。

（3）救生衣的使用方法和临时自制救生用具

两只手穿进去，将其披在肩上；然后将胸部的带子扎紧；将腰部的带子绕一圈后再扎紧；将领子上的带子系在脖子上。

在水中漂浮时，如果没有现成的浮袋或救生衣，应该利用穿在身上的衣服做浮袋或救生衣。可以使用的有：大帽子、塑料包袱皮、雨衣、衬衣、化纤或棉麻的带筒袖的上衣等，甚至可以将高筒靴倒过来使用。但应注意不要将衣服全部脱掉，以保持正常的体温，具体方法为：要在踩水的状态下，进行如下活动，用皮带、领带或手帕将衣服的两个手腕部分或裤子的裤脚部分紧紧扎住，然后将衣服从后往前猛地一甩，使其充气。为了不让空气漏掉，用手抓住衣服下部，或者用腿夹住，然后将它连接在皮带上，使它朝上漂浮。如果用裤子做浮袋，将身子卧在浮袋上，采用蛙泳是比较省力的；如果穿着裙子，不要把它脱下来，要使裙子下摆漂到水面上，并尽力使其内侧充气。

(4) 水上遇难时信号工具的作用

在江河或海上遇险后，有效地利用各种信号工具，发出求救信号，会加大得救的可能性。可以利用铁或闪光的金属物，将阳光反射到目标物上。如果阳光强烈，反射光可达15公里左右，而且从高处更容易发现。铝制尼龙布的反光性强，从远处就能发现，而且也容易被雷达所发现。

利用信号筒发出求救信号。白天用的信号筒会发出红色烟雾，晚上用的会发出红色的光柱，燃烧时间为1～1.5分钟。夜间在20公里外都能看到，白天在10公里内才能看到。

也可以用防水手电筒求救。这是一种小型的手电筒，可以在夜间发出信号，但最多只能照射2公里左右。白天还可以自制信号旗求救。可以将布或色彩艳的衣服绕在长棒的顶端作为信号旗使用。也可以使用海上救生灯求救。海上救生灯点着后靠海水来发光，将其浸入海水可连续发光15小时，在2公里远的地方就可以发现，这种灯寿命为3年。

为安全起见，乘坐水上交通工具首先要乘坐正规船舶，不能携带违规物品，乘船时要听从指挥，排队有序乘坐。遇到风浪袭击，要保持镇静，在船内分散坐好，以避免危险。

6. 飞机、火车事故的自救和互救

从统计数据来看，大多数空难中都是有人生还的，但犹豫不决或是没有掌握正确的逃生知识会致人死亡或者受伤。所以在飞机失事后的最初几分钟里，掌握正确的逃生方法是获救的关键。

飞机事故的自救技巧

及早发现飞机故障前兆。飞机失事的前兆：机身颠簸；飞机急剧下降；机舱内出现烟雾；机身外出现黑烟；发动机关闭时，一直伴随的飞机轰鸣声消失；高空飞行时发出一声巨响；舱内尘土飞扬等。

事先要做好计划并保持冷静，这样你在混乱中就更有可能生还。上飞机后会就数数你离前方和后方的出口各有几排，这样一来，你在冒着浓重的烟雾在地上爬行的时候，就能知道什么时候会到达出口了。在配备了救生衣的飞机上，要检查座位有没有救生衣（有些座位的救生衣可能会被乘客当作纪念品偷偷带走）。

学习防冲击姿势，做好防冲击准备。研究显示，防冲击姿势确实是有用的，但必须做得准确。正确的姿势是身体弯曲，让头部贴近膝盖。双手放在后脑勺上，不要放在额头上，因为如果撞到前面的座位，手可能会被撞伤，要避免伤到手指，这样才能解开安全带。把脚平放在地上，向后滑到座位

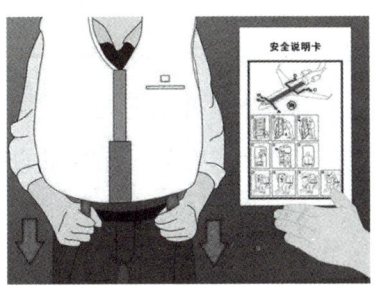

下面。

注意红灯。飞机上的过道灯是红色的，但这种红灯表示出口，而不是危险信号。使用红灯是为了在烟雾中看得更清楚。

及时打开翼上舱门。开舱门之前，先解开安全带，因为如果舱门需要由你来开，你可能得站起来走动。打开舱门时，头一定要向后仰，因为一旦拉开拉杆，舱门会猛地向客舱内开启，很容易撞到你的头。

快速上逃生滑梯。上救生滑梯前先脱下高跟鞋，因为鞋跟会划破滑梯的塑料层。双手交叉放在胸前，抓住衣领，以免擦伤。直接走出客舱，跳上滑梯，臀部先落在滑梯上。在快速滑下时，身体要略向前倾。

迫降时的逃生技巧

飞机在空中发生故障时不得不采取迫降，这时最为重要的是保持头脑的冷静，坚决服从机组人员的命令。一要严格按照规定竖直坐椅靠背，尽可能束紧安全带，屈身向前，脸趴在枕头或毛毯上，双臂抱住大腿；二要熄灭香烟；三脱下鞋袜，摘下眼镜和义齿，身上不能带有任何尖利、坚硬的东西；四千万不要在走出机舱前吹起救生衣，以免造成出舱门的困难；五在机组人员的指挥下，尽可能坐在前舱，因为机尾跌毁的可能性较大；六是学会如何使用防烟头罩。因为一旦飞机迫降后起火，浓烟便会在短时间内弥漫机舱。实际上，很多遇难旅客的死因是吸入了有毒浓烟。浓烟被吸入人体的瞬间，人便会失去意识。这便意味着逃生过程的终止，因此，保护好口鼻，避免直接吸入有害气体，是最关键的处置方法。

从发出迫降预警开始，乘务组便会向旅客发出指令。一定要听从指挥，不要擅自蛮干。有组织的逃生比相互拥挤争抢，获得生存的概率更大。为了避免因外物对飞机应急滑梯造成损害，请褪去高跟鞋、眼镜等尖利物品。丝袜等易燃物品及时褪去防止被火烧伤。如果机组已经发生了迫降预警，旅客们首先要做的是，确认安全带是否扣好系紧。如果飞机发生事故时，会产生强大的冲击力，这也会对旅客的身体产生致命伤害，而安全带在这时就会发挥重要作用。

等到飞机着陆或者停稳后,顺利地解开安全带也颇为关键。旅客登机入座后,可以重复几次系、解安全带的动作,以防后患。

7. 突发紧急核事故,听从指挥科学防灾

核辐射事故,听起来几乎不会发生,但实际上并非如此。切尔诺贝利核事故、日本福岛核电站泄漏事故,都真实发生了。那么一旦遇到,我们该如何紧急应对,自救逃生免受伤害呢?

①居民听到核事故警报,在放射性烟云没有到来之前,要做室内隐蔽准备。根据房屋结构和屏蔽性能进行补救。砖和混凝土结构的房屋本身屏蔽性比较好,只需要把门窗关严。如果门窗的缝隙比较大,要把缝隙糊上。木质房屋的屏蔽性差,最好不要在里边隐蔽。如果不得不在木质房屋里隐蔽,必须用砖、土袋或沙袋把墙壁围起来。房子越大防护效果越好,在高大的建筑物里,可以把人都集中在中间。烟云过后及时打开门窗。

②储备食物和水。要储备一些粮食、蔬菜和饮用水,农民可以用塑料薄膜把地里的蔬菜覆盖起来,饮用地表水的话在室内储备一些,水井要加盖。因为一旦核辐射产生,水、粮食和蔬菜都会被辐射到,也就不能再食用。

③集中家人。居民最好都集中在家里,以便及时听到进一步警报。

④分发碘片。社区和集体要迅速把稳定碘片分发到居民手里。居民按要求及时服用。

⑤做好自身防护。自身防护主要是呼吸防护、体表防护和除沾染。

呼吸防护：防尘口罩的防护效果可以达到75%以上，把口罩浸湿后效果更好，也可以用手帕和衣服捂住口鼻。

体表防护：在进入掩蔽物和撤离时，必须对体表进行防护，如戴上帽子、手套，穿上雨衣、雨鞋，把衣领翻起来，再围上围巾，扎紧袖口和裤脚。

除沾染：皮肤除沾染最好的办法是淋浴。如果不能淋浴，就用水清洗裸露的部位，特别要注意有油泥的地方，以及耳、鼻、眼周围。被沾染的衣服最好不要穿。如果急用，就用洗衣粉洗一下。可以用混凝沉淀和过滤法处理水。井水和流动水源的污染不会很大，用水洗或削皮的方法处理蔬菜和水果。建筑物和道路可以清扫和水洗，严重的话将表层覆盖或刮掉。

⑥准备撤离。核电站附近的居民要准备撤离所需的用品。

平常还要注意加强核事故的预防，要特别小心一些辐射的伤害。如果很多人在没有任何异常的情况下，同时出现头晕、头疼、恶心、呕吐、腹泻、发烧、四肢无力等现象，要考虑是否有发生辐射事故的可能。离反应堆比较近的话，要注意异常的前兆，如耀眼的闪光、明亮的火球、震耳的巨响、蘑菇状烟云、尘柱状落灰等。

如果堆芯严重破坏，大量放射性物质的释放不可避免，就利用汽笛警报网发出辐射警报，它的信号与一般警报的信号不同。居民听到这种信号后，要立即进入室内隐蔽，关闭门窗，内区居民最好进入地下室或掩蔽所隐蔽。

8. 学习防身技巧，被抢劫绑架或伤害时的紧急自救

防灾避险需要时时小心，因为意外伤害说不定什么时候就会发生，要想在遭遇抢劫绑架或是被伤害时成功逃生，学会紧急自救方法和一定的防身技巧是相当有必要的。

（1）被绑架劫持时的自救技巧

被绑架或是劫持后，内心难免惊慌失措，这个时候最重要的是尽量保持镇定，不要作无谓的抗争，要坚定自己能被营救的信心。当劫持发生在剧场、教室等场所时，由于空间较大，人员可能较多，这时人质应该约束自己的行为，以免给前去营救的队员造成行动上的障碍。

在被劫持现场，一旦发生爆炸，最好在原地趴下，不能惊慌失措地乱跑。不要乱触摸任何东西，以免触动恐怖分子设置的爆炸物或毒气设置。如果发生毒气泄漏，尽量用湿的毛巾、手帕或者衣服捂住鼻子和嘴，先进行自救。同时利用肢体语言，比如挥动衣服、手臂等呼唤营救人员来搭救自己。这个时候切记不要呼喊，因为这样只会吸入更多的毒气。

当对方人数较少的时候，也不要存在侥幸心理，去作不必要的抗争，这样可能会导致伤亡。不要意气用事，不要单靠个人力量硬拼，更不要行为失控，不要因为一个人的行为而断送了大家的性命。

也不要自认为口才好，和劫持者进行谈判。因为他们往往认为自己正确，你的逻辑并不一定能打动对方，这个时候最保险的办法就是暂且顺

从。更不要以跳窗、自杀或者其他方式来威胁对方，这样做徒劳无益。

要想逃跑的话，先要衡量是否有能力逃跑。若无充分把握，勿以言语或动作刺激绑匪，以免招致不测。如周围有人，可乘机呼救，伺机逃脱。佯装不懂绑匪交谈所使用的方言，伺机留下求救信号，如眼神、手势、私人物品、字条等。可适当告知绑匪自己的姓名、电话、地址等，但对于经济状况，应敷衍搪塞。

如果设法脱逃后，要立即用电话向家人、亲友或公安机关求助。熟记绑匪容貌、口音、所用交通工具及周围环境特征（特殊声音、气味等）。反复回忆事件经过的细节，给警方提供破案线索。

出行的时候不要忘记带上自己的证件，比如身份证、工作证等。这样一旦被劫持，营救的时候就能够证明自己的身份，同时也有利于营救队员排查恐怖分子，以防他们混在人质队伍中。

（2）路遇抢劫时如何自救

在路上遇到抢劫，首先要保持镇定，看看有几个人实施抢劫，将自己与对方的实力在心中进行一个对比，观察歹徒是否持有凶器。巧妙与歹徒周旋，寻找求救机会的同时可以将随身携带的少量钱财、物品交给歹徒，稳定住歹徒。

尽量避让，避免与歹徒正面交锋，否则会有可能激怒歹徒，生命受到威胁。可趁歹徒不注意的时候，向人多或有灯光的地方奔跑或者跑进商店。

根据现场的判断以及对歹徒的观察，分析对方是不是属于穷凶极恶的人，对歹徒做出一个正确的心理判断，之后开展心理制伏。遭遇抢劫时不可一味求饶，那样会让歹徒觉得你一味可欺，从而提出更无理的要求。在可能的情况下对坏人进行心理刺激或理智周旋。当坏人心理上有所放松时，乘机跑掉。

如果不是在特别偏僻的地方，不远处又有人群，要及时呼救。无论在什么情况下,只要有可能,就要大声呼救。可故意与作案者高声说话或做些动作引起旁边人的注意,从而达到自救目的。

要及时报案,在遇到抢劫时,记住歹徒的外貌特征,事后及时报警,歹徒有可能不会走远,这是抓到歹徒的最佳时机。

如果在拦劫现场无反抗条件,可在歹徒实施抢劫后逃离现场时,悄悄跟踪其去向,注意观察歹徒的落脚点,以便报告公安机关及时将其抓获。跟踪时要注意隐蔽自己,如果在比较空旷的地区,不便隐蔽,那么最好不要跟踪,以免被歹徒伤害。

(3) 突遇人身危险时的防身技巧

下面这些防身技巧,非常实用,而且男女皆适合,可以学上几招,防灾避险。

一是摆脱扼喉的技巧。

由于喉部位于颈部正中,因此是生命要害部位,如遭受打击或卡、扼,可使人猝死。所以摆脱扼喉是防身的必修课之一。摆脱扼喉根据实际情形,还可分为站立摆脱(前两势)与倒地摆脱(后两势)两种摆脱方式。

如果正在走路时被罪犯从背后锁住喉部时,可用左手或左肘猛击对方裆部或心脏;并乘其护裆之际,用双手迅速抓住其右臂,并猛力拧转,将其制伏;为防意外还可再对其头部狠踏一脚,使其彻底丧失战斗力。这一招的要领是左肘后击要快、要狠,拧臂要有力,踢头要狠。

如果被对方从正面卡住喉咙并被推到墙边时,可以侧身用右臂下砸对方双臂,以减轻卡喉的力量;然后再在右手回收的同时用一记反手抽拳击打其右太阳穴,将其打昏;接着再将其拖至墙边,并用左膝快速撞击其肋骨,再用双臂抱住对方两腿,将之重重摔在地上,使对方完全失去战斗力。要领是右臂下砸要快,反抽要有力,膝撞要凶猛,抱腿前摔要连贯、突然,攻击要准确、要用尽全力。

如果已经被对方放倒在地，且被对方双手卡住了喉部，可把自己的双手插入到对方的肘关节中间，然后用力外撑；这时对方必集中全力于双手，并使身体前倾，这个时候就要抓住时机，用右手猛插对方眼睛，并乘其受到攻击而一松劲时，再用右手出拳打击对方。要领是双手外撑要及时有力；指戳要准确、凶狠；右拳攻击要连贯，必须倾尽全力，否则将会前功尽弃。

当对方骑在自己身上，并用双手卡住了喉部时，可用双手迅速抓拧其双腕，用以减轻对方卡喉的力量，同时速抬右脚从前侧猛踹（或蹬）敌人的下巴，将其向后蹬倒；然后翻身坐起，并用右肘狠击其裆部，逼其后退。要领是双手抓拧歹徒双腕要迅速、有力，右脚踢（或别压）对方头部要连贯、凶猛，翻身坐起要与肘下砸协调一致，而且绝不能手软，以免被对方乘机反击。

二是摆脱被歹徒扭住手臂的方法。

当被歹徒从背后突然锁制住右臂时，可借助对方的劲力，使身体向右侧滚动，以迫使歹徒失去身体平衡；然后将左肘狠狠砸向歹徒头部或面部。要领是向右侧滚动时，要充分借助对方的劲力；左肘砸击要凶狠。

如果歹徒反锁住右臂时，可迅速用侧踹腿去攻击其身体中盘要害；然后不待对手闪避或反击，再在落下右脚的同时，用一记强劲有力的左旋踢腿去重创对手，将其击昏或击倒在地。侧踹腿反击要快而有力，旋踢腿要连贯、凶猛，才能制敌于瞬间。这个需要经常进行练习，反击性腿法才可具有很强的力量和很高的实用价值。

三是摆脱抱腰的技巧。

当被歹徒由后抱住腰部时，应迅速向左转体，并用左肘猛击对方头部，以迫使其松手，接着在用左手控制歹徒手臂的同时，将右肘击向对方面部，迫使其松手。要领是向后肘击要狠，而且为了能够重创对手，可用左肘连续打击对手头部；转身控制其臂要快、要有力，以防对方挣脱；击对方面部要连贯、凶狠，必要时可跃起向下肘击，以强化攻击力，增强打击效果。

如果不小心被歹徒从后面连臂一起抱住时，可起脚猛踩敌脚背，同时猛抬双肘并前伸与肩平；接着身体略向右转，并以右肘猛击歹徒肋部，以迫使对方松抱；然后，上动不停，再用右手抓住对方右肘上方部位，左手则抓住其右手腕将其从头背后摔下，随后可再予以擒拿或重击，将其制伏。不过这需要很大的力气，对于力量弱小者或是女性，需要练习才行。

四是摆脱对方抓住头发的技巧。

当歹徒由前面用右手抓拉你头发时，应迅速用左手按压其手背，将其手固定于自己头上，随即用右手迅速按制其手腕，紧接着用左手掌刃猛力顶压其右手腕外侧，同时后撤右腿向右后转体以助两手之力，使对手手腕受制或损伤。两手一定要将对手手腕固定在自己头上，掌刃顶压和转身要同时爆发用力。

如果被歹徒从后面用右手抓住头发时，应迅速边向右后转身边用两手将其右手抓握并定制在头上；随即将头稍下沉，同时两手将对手的手腕外翻至手心朝上，随之迅猛抬头，两手猛力向上折其腕，迫使对手因腕部被制而就擒。要领是转身要敏捷，翻腕时两手和头部动作要协调，折腕要狠。

9. 紧急救援人员的自我防护与注意事项

紧急事故需要紧急救援，救援人员更需要做好自我防护，保护自身安全。国家对不同的生产作业场所均有佩戴个体防护用品的要求，这些要求同样应适用于应急救援人员。个体防护用品是根据生产过程中不同性质的有害因素，采取不同方法，保护肌体的局部或全部免受外来伤害，从而达到防护目的的用品。

(1) 救援人员进入救援场所的防护要求

进入粉尘场所要穿戴防尘防护用品，包括防尘口罩、防尘眼镜、防尘帽、防尘服等。

进入有毒物质场所必须穿戴防毒用品，包括防毒口罩、防毒面具等。

进入有物体打击危险的场所必须戴安全帽、穿防护鞋。层高2米以上作业的场所必须系安全带。

进入可能造成对眼睛伤害的作业，必须戴护目镜或防护面具。

进入可能被传动机械绞辗、夹卷伤害的场所，必须穿戴全身工作服，女工必须戴防护帽，不能戴防护手套，不能佩戴悬露的饰物。

进入噪声超过国家标准的工作场所必须戴防噪声耳塞或耳罩。

进入有可能接触酸碱的作业，必须穿戴防酸碱工作服。

水上作业必须穿救生衣，使用救生用具。

进入易燃易爆场所必须穿戴防静电工作服。

开展电气救援应穿绝缘防护用品，从事高压带电作业应穿屏蔽服。

高温、高寒作业时，必须穿戴防高温辐射及防寒护品。

救援人员在穿戴个人防护用品时需注意：一要穿戴经过认证的合格的防护用品；二要明确穿戴的防护用品对将要工作的场所的有害因素起防护作用的程度，检查外观有无缺陷或损坏，各部件组装是否严密等；三要严格按照防护用品说明书的要求使用，不能超极限使用，不能使用替代品；四穿戴防护用品要规范化、制度化；使用完防护用品要进行清洁，防护用品要定期保养；防护用品要存放在指定地点、指定容器内。

一般来说，事故应急救援人员的个体防护要求应当高于一般作业人员，尽管救援时有个别情况影响正常穿戴，但也应有可靠的安全措施。救援人员要增强自我防护意识和自我防护的本领，切不可冒险蛮干。高温、高寒、高尘、高噪声时要及时更换救援人员，保障安全。

（2）需要特别防护的救援场所

在各类事故应急救援过程中，特别要强调的是火灾爆炸事故和化学事故的个体防护。发生这类事故时，非救援人员不要进入现场，救援人员进入现场必须穿戴合乎要求的个体防护用品。特别是化学事故救援，一定要达到个体防护级别。

A级防护要求：事故产生窒息性或刺激性毒物，该事故区域对生命及健康有即时危险（即在30分钟内发生不可修复和不可逆转伤害）化学事故中心地带；毒源不明的事故现场等的事故救援人员。

B级防护要求：事故产生不挥发的有毒固体或液体，该事故区域对生命及健康的危害小于A级的事故救援人员；

C级防护要求：治疗已经脱离化学事故现场的伤害者，尽管伤害者所沾染的毒物不足以对他人造成威胁的临床急救人员。

各级医院急诊科或门诊也要配备少量B级防护服装。因为救援的不仅是现场已经除去沾染的事故伤害者，也要救援自己前来就诊没有经过清除的事故伤害者。医院急诊科要有专门的空间来对可疑的带有化学沾染物的事故伤害者进行清洗消毒。

需要注意的是，C级防护所用的面具的滤毒罐（盒）需要定期更新，每种类型的面具的使用期限不同，这和毒物的种类、浓度、使用者的活动情况等有关。超过使用时限的滤毒罐（盒）中的活性炭失去吸附作用，会使吸入的化学毒物穿透而进入人体，不能起到很好的保护作用。

化学事故发生时，首先进入现场的抢救人员一般为消防人员。消防人员通常要"断火源"或"隔绝火源",这是为了灭火及增加热阻抗,但不能阻止危险化学品的散发和泄漏。因此,消防机构应装备一定量的呼吸性防护用品,可供其在现场以最快的速度找出伤害者并进行抢救。

尽管大部分生物因素事故发生的当时对人体的伤害常无明显的表现,一般要经过一定时间才显露出来,但对生物因素引发的事故救援不能忽视。防护化学制品的个体防护用品多能防护生物危害因素。

根据目前事故多发的情况,公安、环保、卫生等相关部门也要配备一定量的个体防护装置,以备需要现场调查采样时使用。

(3) 紧急救援时的注意事项

一是现场应急指挥负责人和应急人员首先对事故情况进行初始评估。根据观察到的情况,初步分析事故的范围和扩展的可能性。

二是使用检测仪器对有限空间有毒有害气体的浓度和氧气的含量进行检测。也可采用动物(如白鸽、白鼠、兔子等)试验方法或其他简易快速检测方法作辅助检测。

三要根据测定结果采取加强通风换气等相应的措施,在有限空间的空气质量符合安全要求后方可作业。

四是担任救援的消防员要穿戴好消防装备,佩带空(氧)气呼吸器和紧急呼救器,为防不测还应在脖子上系一条湿毛巾,携带防爆照明灯具,腰系漏泄通信救生安全绳,两人以上为一战斗小组。抢险人员要穿戴好必要的劳动防护用品(呼吸器、工作服、工作帽、手套、工作鞋、安全绳等),系好安全带,以防止抢险救援人员受到伤害。

五是在有限空间内作业用的照明灯应使用12V以下安全行灯,照明电源的导线要使用绝缘性能好的软导线。火场指挥员要在主攻入口处设立安全检查站,指定专人负责对每个内攻人员进行登记,并按程序检查他们的防护装备,确定其内攻时间,以不超过30分钟为好。空(氧)气呼吸器必须有能够供连续使用30分钟以上的贮气量和药剂。

六是发现有限空间有受伤人员，用安全带系好被抢救者两腿根部及上体，妥善提升使患者脱离危险区域，避免影响其呼吸或触及受伤部位。救出伤员后对伤员进行现场急救，并及时将伤员转送医院。

七是抢险过程中，有限空间内抢险人员与外面监护人员应保持通信联络畅通并确定好联络信号，在抢险人员撤离前，监护人员不得离开监护岗位。

第七章

现场应急处置,力争把危险和损失降到最小

灾祸已经发生,危险似乎已经无法避免。然而只要学会正确的应急处置方法,即便身处灾祸现场,也可以最大限度地减轻灾害危险和损害,把灾祸损失减到最小。

1. 井下事故应急处置

井下瓦斯爆炸、瓦斯与煤尘爆炸、煤尘爆炸、炸药爆炸、井下冒顶、透水、火灾等都会造成大量人员死亡，学会使用紧急避险系统避险和自救逃生技巧对于生存下来非常重要。

(1) 井下火灾事故的避险逃生

处理矿井火灾事故时，应遵循以下基本技术原则：控制烟雾的蔓延，不危及井下人员的安全；防止火灾扩大；防止引起瓦斯、煤尘爆炸；防止火风压引起风流逆转而造成危害；保证救灾人员的安全，并有利于抢救遇险人员；创造有利的灭火条件。可用直接灭火方法，即用水、惰气、高泡、干粉、沙子（岩粉）等，在火源附近或离火源一定距离直接扑灭矿井火灾。也可用隔绝方法灭火，即在通往火区的所有巷道内构筑防火墙，将风流全部隔断，制止空气的供给，使矿井火灾逐渐自行熄灭。也可以用综合方法灭火，即先用密闭墙封闭火区，待火区部分熄灭和温度降低后，采取措施控制火区，再打开密闭墙用直接灭火方法灭火：先将火区大面积封闭；待火势减弱后，再锁风逐步缩小火区范围；然后进行直接灭火。

井下员工若遭遇井下火灾，一定要沉着冷静，迅速戴好自救器，逐一进行认真检查后撤退。位于火源进风侧人员，应迎着新风撤退。位于火源回风侧人员，如果距火源较近且火势不大，应迅速冲过火源撤离回风侧，然后迎风撤退；如果无法冲过火区，则沿回风撤退一段距离，尽快找到捷径绕到新鲜风流中再撤退。

如果巷道已经充满烟雾，也绝对不要惊慌，不能乱跑，要迅速辨认出发生火灾的地区和风流方向，然后俯身摸着铁道或铁管有秩序地外撤。如果实在无法撤退，应利用独头巷道、硐室或两道风门之间的条件，因地制宜，就地取材构筑临时避难硐室，尽量隔断风流，防止烟气侵入，然后静卧待救。

有条件时应及早用电话同地面取得联系，以便救护队前来救援。所有避灾人员必须严格遵守纪律，听从避灾领导的指挥，团结互助，共同渡过难关。

（2）井下冒顶事故避险逃生方法

冒顶事故是矿井采掘工作面生产过程中经常发生的。在西欧及日本一些采掘技术较发达的国家也常见到。因此，应首先采取积极的预防措施，其次要熟悉发生冒顶事故后自救的一些方法，才能及时逃生自救。

处理工作面冒顶的一般方法是：局部小冒顶出现后，应先检查冒顶地点附近顶板支架情况，处理好折伤、歪扭、变形的柱子；沿煤的顶板掏梁窝，将探板伸入梁窝，另一头立上柱子。

发生局部范围较大的冒顶时，如伪顶冒落，且冒落已停止，可采用从冒顶两端向中间进行探板处理。如直接顶沿煤帮冒落，而且矸石继续下流，块度较小，采用探板处理有困难时，可采取打撞楔的办法处理。如上述两方法不能制止冒顶，就要另开切眼躲过冒顶区。

井下冒顶事故的避险措施主要有：一是发现采掘工作面有冒顶的预兆，自己又无法逃脱现场时，应立刻把身体靠向硬帮或有强硬支柱的地方。

二是冒顶事故发生后，伤员要尽一切努力争取自行脱离事故现场。无法逃脱时，要尽可能把身体藏在支柱牢固或块岩石架起的空隙中，防止再次受到伤害。

三是当大面积冒顶堵塞巷道，即矿工们所说的"关门"时，作业人员堵塞在工作掌子面，这时应沉着冷静，由班组长统一指挥，只留一盏灯供照明使用，并用铁锹、铁棒、石块等不停地敲打通风、排水的管道，向外报警，使救援人员能及时发现目标，准确迅速地展开抢救。

四是在撤离险区后，可能的情况下，迅速向井下及井上有关部门报告。

(3) 井下透水事故的避险和逃生

井下透水事故都有一定的先兆，掌握这些透水前的征象和规律，对于避险求生十分重要。一般透水事故前煤层往往发潮发暗，巷道壁或煤壁上有小水珠，工作面温度下降变冷，煤层变凉。工作面出现流水和滴水现象。工作时能听到水的"嘶嘶声"等。

发现这些透水征兆后，要用最快的方式通知附近地区的工作人员，应尽快通过各种途径向井下、井上指挥机关报告，以便迅速采取营救措施，并按照矿井灾害预防和处理计划中所规定的路线撤出。当人员撤出透水区域后，要立即紧紧关死水闸门，把水流完全隔断，以保证整个矿井的安全。

假如出路被水隔断，就要迅速寻找井下位置最高，离井筒或大巷最近的地方暂时躲避等待援救。同时要敲打水管或轨道，发出呼救信号。被水隔绝在掌子面或上山巷道的作业人员应清醒沉着，不要慌乱，尽量避免体力消耗。全体井下人员还应做长期坚持的准备，所带干粮集中统一分配，不要无谓地浪费掉；关闭作业人员的矿灯，只留一盏灯供照明使用。

井下突然出现透水事故时，井下工作人员应绝对听从班组长的统一指挥，按预先安排好的退却路线进行撤退，不要惊慌失措。万一迷失方向，必须朝有风流通过的上山巷道方面撤退；如果有人受伤，应积极进行现场抢救。出血者立刻止血，骨折者要及时固定和搬运。

透水后特别是老空区的积水突出以后，往往会从积水的空间放出大量有害气体，在避灾中，要注意防止有害气体中毒或窒息。如果透水事故发生并有瓦斯喷出可能时，探水人员要带防护器具，或者在工作地点加强通风，保持空气的新鲜和畅通。不可把通风机关闭。

（4）井下爆炸事故的避险与自救

在井下遭遇爆炸时，一定要及时自救。据调查统计，矿井下发生煤尘爆炸时，多数遇难人员直接死因并不是爆炸和燃烧，而是有害气体和缺氧引起的中毒和窒息。所以，发生煤尘爆炸时，自救措施要果断及时，方法得当，尽可能减少伤残和死亡的发生。

瓦斯爆炸事故前也是有先兆的，如附近空气有颤动的现象发生，有时还发出咝咝的空气流动声。这可能是爆炸前爆源要吸入大量氧气所致，一般被认为是瓦斯爆炸前的预兆。井下人员一旦发现这种情况时，要沉着、冷静，采取措施进行自救。具体方法是：背向空气颤动的方向，俯卧倒地，面部贴在地面，闭住气暂停呼吸，用湿毛巾捂住口鼻，防止把火焰吸入肺部造成内部烧伤。最好用衣物盖住身体，尽量减少肉体暴露面积，以减少烧伤。为什么要立即卧倒呢？这是为了降低身体高度，避开冲击波的强力冲击，减少危险。

如发生小型爆炸，掘进巷道和支架基本未遭破坏，遇险矿工未受直接伤害或受伤不重时，应立即打开随身携带的自救器，佩戴好后迅速撤出受灾巷道到达新鲜风流中。对于附近的伤员，要协助其佩戴好自救器，帮助撤出危险区或设法抬运到新鲜风流中。不能行走的伤员，在靠近新鲜风流30～50米范围内，要设法抬运到新风中；如距离远，则只能为其佩戴自救器，不可抬运。撤出灾区后，要立即向矿领导或调度室报告，派矿山救护队抢救。

如发生大型爆炸，掘进巷道遭到破坏，退路被阻，但遇险矿工受伤不重时，应佩戴好自救器，千方百计疏通巷道，尽快撤到新鲜风流中。如巷道难以疏通，应坐在支护良好的棚子下面。或利用一切可能的条件建立临时避难硐室，相互安慰、稳定情绪，等待救助，并有规律地发出呼救信号。对于受伤严重的矿工，也要为其佩戴好自救器，使其静卧待救。

如采面发生小型爆炸，进、回风巷一般不会被堵死，通风系统也不会遭到大的破坏，爆炸所产生的一氧化碳和其他有害气体较易被排除。在这种情况下，采面爆源进风侧的人员一般不会受到严重伤害，应迎着风流退出。在爆源回风侧的人员，应迅速佩戴自救器，经安全地带通过爆源到达进风侧。

如采面发生严重的爆炸事故，可能造成工作面冒顶垮落，使通风系统遭到破坏，爆源的进、回风侧都会聚积大量的一氧化碳和其他有害气体。为此，在爆炸后没有受到严重伤害的人员，都要立即打开自救器佩戴好。在爆源进风侧的人员，要逆风撤出；在爆源回风侧人员要经安全地带通过爆源处，撤到新鲜风流中。如果由于冒顶严重撤不出来，首先要把自救器佩戴好，并协助将重伤员转移到较安全地点待救。附近有独头巷道时，也可进入暂避，并尽可能用木料、风筒等建立临时避难硐室。进入避难硐室前，应在硐室外留下衣物、矿灯等明显标志，以便引起矿山救护队的注意，便于进入救助。

煤尘爆炸时矿工的自救与互救措施，可参照瓦斯爆炸的自救、互救措施办理。爆炸时要特别做到以下几点：

一是当瓦斯、煤尘爆炸时，在现场和附近巷道的工作人员，千万不可惊慌失措。

二是当听到爆炸声和感到冲击波造成的空气震动气浪时，应迅速背朝爆炸冲击波传来方向卧倒，脸部朝下，把头放低些，在有水沟地方最好侧卧在水沟里边，脸朝水沟侧面沟壁，然后迅速用湿毛巾将嘴、鼻捂住，同时用最快速度戴上自救器，拉严身上衣物盖住露出的部分，以防爆炸的高温灼伤。如边上有水坑，可侧卧于水中。在听到爆炸瞬间，最好尽力屏住呼吸，防止吸入有毒高温气体灼伤内脏。避免爆炸所产生强大冲击波击穿耳膜，引起永久性耳聋。

三是煤尘爆炸后，切忌乱跑，井下人员应在统一指挥下，情绪镇定，要迅速辨清方向，按照避灾路线以最快速度赶到新鲜风流方向。外撤时，要随时注意巷道风流方向，要迎着新鲜风流走，或躲进安全地区，注意防止二次爆炸或连续爆炸的再次损伤。

四是用好自救器是自救的主要环节，当戴上自救器后，绝不可轻易取下而吸外界气体，以免遭受有害气体的毒害，要一直坚持到安全地点方可取下。

五是在可能的情况下，撤离险区后及时向井下调度、矿调度和局调度报告。

2. 中毒窒息事故的自救和互救

当人体在有窒息性气体环境中时，窒息性气体导致人体呼吸系统终止呼吸而造成的伤亡事故就是中毒窒息事故。预防中毒窒息事故应根据环境中可能存在的窒息性气体的种类采取相应的防范措施。如果已经中毒，则需迅速采取自救措施，积极自救。

（1）一氧化碳中毒窒息的自救和互救

一氧化碳中毒初期表现为头痛，以后随之会出现头晕、眼花、恶心、心慌、四肢无力、皮肤黏膜出现樱桃红色等症状。如果中毒应迅速离开屋子,找空旷空气新鲜的地方深呼吸可以迅速解毒。当人们意识到已发生一氧化碳中毒时,往往为时已晚。因为支配人体运动的大脑皮质最先受到麻痹损害,使人无法实现有目的的自主运动。此时,中毒者头脑中仍有清醒的意识,也想打开门窗逃出,可手脚已不听使唤。所以,一氧化碳中毒者往往无法进行有效的自救。

因一氧化碳的比重比空气略轻,故浮于上层,救助者进入和撤离现场时,如能匍匐行动会更安全。进入室内时严禁携带明火,尤其是开放煤气自杀的情况,室内煤气浓度过高,按响门铃、打开室内电灯产生的电火花均可引起爆炸。进入室内后,应迅速打开所有通风的门窗,如能发现煤气来源并能迅速排出的则应同时控制,如关闭煤气开关等,但绝不可为此耽误时间,因为救人更重要。然后迅速将中毒者背出充满一氧化碳的房间,转移到通风保暖处平卧,解开衣领及腰带以利其呼吸顺畅。同时呼叫救护车,随时准备送往有高压氧舱的医院抢救。

(2)常见的窒息性气体中毒

窒息性气体的中毒机制是造成机体缺氧,急性缺氧可引起头痛、情绪改变,严重的可导致脑细胞坏死及脑水肿。常见的窒息性气体中毒有以下几种。

一氧化碳中毒,发生在煤、油料燃烧不充分时及煤气制造、金属冶炼等作业场所。轻度中毒者出现剧烈头痛、头晕、心悸、恶心呕吐、乏力等症状;重度中毒者表现为无意识、昏迷,甚至呼吸衰竭,伴有脑水肿、严重心肌损害。

硫化氢中毒,多发生在石油开采和炼制、化纤及造纸生产中,在清理粪池、下水道、垃圾时,也可发生硫化氢中毒。轻度中毒症状为眼及上呼吸道刺激症状;接触高浓度的硫化氢可立即昏迷、死亡,称为"闪电型"

死亡。

二氧化碳中毒，多发生于汽水、啤酒制造作业中，不通风的发酵池、地窖、粮仓等处会产生大量二氧化碳。常为急性中毒，几秒针内即迅速昏迷，若不能及时救出可致死亡。

3. 机械伤害事故的现场处置

机械伤害是指机械做出强大的功能作用于人体的伤害，具体地讲是人们在操作或使用机械过程中，因机械故障或操作人员的不安全行为等原因造成的伤害事故。机械伤害事故的特点：机械伤害事故往往后果惨重，如搅死、挤死、压死、碾死、被弹出物体打死、磨死等。当发现有人被机械伤害的情况时，虽及时紧急停止机械动作，但因设备惯性作用，可造成受害者致死性伤害，乃至身亡。

发生机械伤害事故后，为了保障伤者的生命安全，减轻伤员的痛苦，现场人员应拨打120后，立即进行现场施救，出血者迅速包扎止血；

发生断指、断手等严重情况时，对伤者伤口要进行包扎止血、止痛、进行半握拳状的功能固定。尽可能做到将断指冲洗干净，用消毒敷料袋包好，在袋子周围放冰块，将断指与伤者立即送往医院；

有肢体骨折，应先固定伤肢，避免不正确的抬运，等待救护人员到场，送往医院就医；

如果肢体卷入设备内，应立即切断电源。如果肢体仍被卡在设备内，不可用倒转设备的方法取出肢体，妥善的方法是拆除设备部件，无法拆除则拨打 120 等待救援；

有受伤人员呼吸、心跳停止，应立即进行心脏按压和人工呼吸，事故发生后 10 分钟内为最佳抢救时间；

发生头皮撕裂时要及时对伤者采取止血、止痛及其他急救措施后立即送医院进行治疗。

如发现伤者的心跳、呼吸骤停应马上让懂急救知识的同事进行心肺复苏、人工呼吸，胸部外伤者不能用心脏按压术抢救；

动用最快的交通工具或其他措施，及时把伤者送往邻近医院抢救，运送途中应尽量减少颠簸。

消除不安全因素，如机械处于危险状态，应立即采用措施进行稳定，防止事故扩大，避免更大的人身伤害及财产损失。在不影响安全的前提下，切断机构的电源。

注意保护现场，因抢救伤员和防止事故扩大，需要移动现场物件时，应做出标志，进行拍照，详细记录和绘制事故现场图。

事故发生后项目现场的抢救伤员，保护现场的同时，应立即向公司报告，公司应立即派人赶赴事故现场，落实应急措施。注意检查事故现场是否处于安全状态，防止事故的扩大，并按规定向上级有关部门报告。

4. 物体打击事故的现场处置

物体打击是指失控的物体在惯性力或重力等其他外力的作用下产生运动，打击人体而造成人身伤亡事故。物体打击会对建设施工人员的人身安全造成威胁。特别是在施工周期短，人员密集、施工机具多、物料投入较多，交叉作业多时，易发生对人身的物体打击伤害。

发生物体打击事故后，应马上组织抢救伤者，首先观察伤者的受伤情况、部位、伤害性质。

如果处在不宜施救的场所必须先将患者搬运到能够安全施救的地方。搬运时应尽量多找一些人手，观察患者呼吸和脸色的变化。

防止伤口污染。

5. 起重伤害事故的预防和现场处置

起重常见的事故有脱钩、钢丝绳折断、安全防护装置缺乏或失灵、吊物坠落、起重机倾翻和碰撞致伤等事故类型。

(1) 起重险情避险要点与处置方法

如果起重作业时发生险情，紧急避险要针对不同的情况采取不同的措施：

如果塔吊基础下沉、倾斜，应立即停止作业，并将回转机构锁住，限制其转动，并根据情况设置地锚，控制塔吊的倾斜。

如果塔吊平衡臂、起重臂折臂故障，塔吊不能做任何动作，可以按照抢险方案，根据情况采用焊接等手段，将塔吊结构加固，或用连接方法将塔吊结构与其他物体连接，防止塔吊倾翻和在拆除过程中发生意外。

用2-3台适量吨位起重机，一台锁起重臂，一台锁平衡臂。其中一台在拆臂时起平衡力矩作用，防止因力的突然变化而造成倾翻。按抢险应急方案规定的顺序，将起重臂或平衡臂连接件中变形的连接件取下，用气焊割开，用起重机将臂杆取下。按正常的拆塔程序将塔吊拆除，遇变形结构用气焊割开。

如果塔吊倾翻，则需采取焊接、连接方法，在不破坏失稳受力情况下增加平衡力矩，控制险情发展。可选用适量吨位起重机按照抢险方案将塔吊拆除，变形部件用气焊割开或调整。

如果发生锚固系统险情，可以将塔式平衡臂对应到建筑物，转臂过程要平稳并锁住。将塔吊锚固系统加固。如需更换锚固系统部件，先将塔机降至规定高度后，再行更换部件。

如果塔身结构变形、断裂、开焊，将塔式平衡臂对应到变形部位，转臂过程要平稳并锁住。根据情况采用焊接等手段，将塔吊结构变形或断裂、开焊部位加固。落塔更换损坏结构。

如果吊机超负荷起吊、吊机支撑不稳，导致倾覆，应马上组织抢救司机。如果司机受伤，则立即施救。确保人员安全情况下，救援工作马上组织其他设备清理损坏设备。如发生火灾和爆炸事故须按照"火灾和爆炸事故专项应急救援预案"实施现场救助。

发现有人受伤后，必须立即停止起重作业，向周围人员呼救，同时通知急救中心，以及拨打"120"等急救电话。报警时，应注意说明受伤者的受伤部位和受伤情况，发生事件的区域或场所，以便让救护人员事先做好急救的准备。现场对伤者进行现场包扎、止血等措施，防止受伤人员流血过多造成死亡事故发生。创伤出血者迅速包扎止血，送往医院救治。

在组织进行应急抢救的同时，应立即上报安全生产应急领导小组，启动应急预案和现场处置方案，最大限度地减少人员伤害和财产损失。当事件有可能进一步扩大，或造成群体性事件时，必须立即上报当地政府有关部门，并请求必要的支持和救援。

在做好事故紧急救助的同时，应注意保护事故现场，对相关信息和证据进行收集和整理，配合上级和当地政府部门做好事故调查工作。

6. 高处坠落事故的紧急处置

高处坠落事故是由于高处作业引起的下坠伤害事故。发生高处坠落后，可引起人员轻伤、重伤，甚至人身死亡事故。所以紧急施救和自救相当重要。当发生高处坠落事故后，抢救的重点为休克、骨折和出血的处理。

①当发生人员轻伤时，现场人员应采取防止受伤人员大量失血、休克、昏迷等紧急救护措施，并将受伤人员抬离危险地段，拨打120医疗急救电话，向应急救援指挥部报告。

②遇有创伤性出血的伤员，应迅速包扎止血，使伤员保持在头低脚高的卧位，并注意保暖。

③颌面部伤员首先应保持呼吸道畅通，摘除义齿，清除移位的组织碎片、血凝块、口腔分泌物等，同时松解伤员的颈、胸部纽扣。

④发现脊椎受伤者，创伤处用消毒的纱布或清洁布等覆盖，用绷带或布条包扎。搬运时，将伤者平卧放在帆布担架或硬板上，以免受伤的脊椎移位、断裂造成截瘫，导致死亡。抢救脊椎受伤者，搬运过程严禁只抬伤者的两肩与两腿或单肩背运；

⑤周围血管伤，压迫伤部以上动脉干至骨骼。直接在伤口上放置厚敷料，绷带加压包扎以不出血和不影响肢体血循环为宜，常有效。当上述方法无效时可慎用止血带，原则上尽量缩短使用时间，一般以不超过1小时为宜，做好标记，注明止血时间。

⑥如果受害者处于昏迷状态但呼吸心跳未停止,应立即进行口对口人工呼吸,同时进行胸外心脏按压,一般以口对口吹气为最佳。昏迷者应平卧,面部转向一侧,维持呼吸道通畅,以防舌根下坠或分泌物、呕吐物吸入,发生喉阻塞。如受害者心跳已停止,应先进行胸外心脏按压。

⑦发现伤者手足骨折,不要盲目搬运伤者。复合伤要求平仰卧位,保持呼吸道畅通,解开衣领扣;进行骨折伤害救治时,必须注意救治时的方法,防止由于救治不当造成二次伤害。

⑧以上救护过程在120医疗急救人员到达现场后结束,工作人员应配合120医疗急救人员进行救治。现场救护措施完成后,如120救护车没有到,应立即将伤者用担架抬上现场车辆送医院救治。

⑨发生高处坠落,在人员得到安全救治后,应对现场相关区域的临边、洞口进行反复的检查,防止再次发生危险。

7. 燃气泄漏的紧急处置

煤气泄漏非常危险,不仅会导致人员中毒,还会引发重大火灾甚至爆炸事故。煤气主要是由氢气组成的,其中有50%～55%的氢气和少于45%～50%的一氧化碳、二氧化碳、少量的硫化氢、甲醇和苯等。煤气泄漏并达到一定浓度时,遇到火(星)就会发生爆炸。同时煤气大量泄漏还会使单位体积中氧气的含量减少,使人缺氧,进而危及生命。燃烧产生的高热，也会将人灼伤。因而必须及时处理煤气泄漏事故，才能避灾防祸。

(1) 家中煤气泄漏时的紧急处置方法

当闻到一股臭鸡蛋味、汽油味或者油漆味时，就应当意识到可能发生了燃气泄漏。这时，应查找燃气泄漏点，可用肥皂水、洗涤灵或者洗洁精等涂在可能产生漏气的地方，如管道的接头、表、灶的开关处。如果有漏气，该处会连续冒泡。这时候泄漏的量还不算大，应当迅速堵住泄漏点，并马上打开门窗通风，降低室内煤气浓度，直到完全散尽。

如果正在使用时发现燃气泄漏，应立即关闭燃具开关、灶前阀门及燃气表前阀门。严禁触动任何室内电器开关，因为在打开和关闭任何电器时，都可能产生微小电火花，导致爆炸。要迅速疏散家人、邻居，阻止无关人员靠近，打

开门窗，让空气流通，以便燃气散发。在未发生燃气泄漏的地方打电话，向燃气公司客服中心报告险情。

如果遇到燃气泄漏着火，应立即关闭灶前阀门及表前总阀门。如果火势较大，灶前阀门附近有火焰，可用一把干粉从上向下用力打火焰的根部或用湿毛巾、湿衣物包手，尽量关闭阀门。用灭火器、干粉灭火剂、湿被等扑打火焰根部。

在使用燃气设备时，一定要定时通风，保持室内空气畅通。使用灶具时，人不要远离，以免沸汤溢出扑灭火焰或是被风吹灭火焰。同时，还应告知家里的小孩不要随意触碰燃气具开关，使用完毕，注意关好开关。从正规渠道选购燃气产品，不要贪图便宜购买假冒或劣质的燃气设备。

(2) 煤气干线爆管泄漏事故的紧急处置

一是调度组接到泄漏报告后，应根据所获得的事故情况按先后顺序通知现场指挥组、警戒疏散组、现场救护组、抢修组、后勤保障组开展事故

救援工作。并立即启动事故应急预案。

二是现场指挥组应在规定的时间内到达事故现场进行应急处理和施救工作，应急救援应坚持"以人为本"的原则，第一时间紧急救护伤员、疏散警戒区内人员。

如有人员受伤，应立即拨打急救中心电话"120"，同时应明确告之对方：受伤人员所在的地点、受伤原因及伤情程度；

指令相关操作人员迅速关闭事故点管段两端阀门，以截断气源，防止事态扩大。并对阀井（阀门）进行监护，直至恢复供气为止。如巡线人员不能在指定的时间到达所需关闭阀门的地点，应指定了解情况的最近的人员进行上述工作；

如有火灾发生，靠公司的力量不能对火势进行有效控制时，则应立即拨打"119"，请求消防部门立即救援。在电话中应讲明事故发生的确切地理位置、火势情况、是什么物质着火、着火点周围的地理环境及是否存放易燃易爆品或其他危险化学品；制定抢修方案，并督促抢修人员按方案进行抢修工作；抢修完成，并确认无任何质量问题后，下达恢复供气指令。

三是警戒疏散组应在接到事故报警电话后，携带燃气安全警示标志牌及可燃气体检漏仪迅速到达事故现场。设立现场警戒标志，疏散围观群众，禁止天然气泄漏区域内使用电源、火源及明火。以防产生燃气爆炸事故。动员受燃气火灾或可能产生燃气爆炸威胁的人员撤离危险区。如公司人力不足时，应立即请求巡警、消防部门给予协助。

四是抢修组立即组织抢修。人员携相关工具尽快赶赴事故现场。在确认事故管段两端阀门关闭，且已完全泄压，按既定抢修方案进行抢修作业。

如因阀门内漏，需扩大阀门关闭的范围或通知门站停气降压。泄压时间较长时，应采用埋地闸阀相应侧放散管进行泄压或由门站进行天然气放空。

漏点是砂眼且孔径在 10 毫米之内进行本体的捻缝堵漏。本体泄漏时，将泄漏处的锈垢、泥土等脏物清除干净，确定缺陷的性质，判定本体的材质和厚度，最后确定是否捻缝；准备捻缝的工具手锤、冲子、胶粘剂或密封胶；用胶粘剂或密封胶填充在砂眼或小孔中，通过手锤敲打冲子产生的冲击力挤压本体金属，使金属产生塑性变形以堵死砂眼。

对较大的砂眼和小孔进行塞捻堵漏。如已着火，根据火势大小判断气体压力和泄漏口的大小及其形状，准备好相应的堵漏材料（如软木塞、橡木塞、黏合剂铅、铝、铜、低碳钢等软金属丝、黏合剂等）；堵漏工作准备就绪后，即可用水或干粉灭火器将火扑灭，并用水冷却烧烫的管壁；用比金属本体软的金属丝、密封条或软木塞敲入泄漏孔中，然后捻铆。使劲敲入泄漏孔中，紧接着捻打泄漏孔周围，使塞子与本体紧密地贴合。

如果漏点是较大的孔洞或裂缝，则需要用卡箍堵漏法。卡箍的密封形式有橡胶、聚四氟乙烯、柔性石墨垫、O 形圈和填料、密封胶和多层涂胶布垫等。卡箍的密封形式为整卡式、堵头卡式、软卡式。管道抢修完毕，由现场负责人确认合格后向调度室汇报。

五是生产调度室应随时掌握现场抢险情况，并保持与事故现场的密切联系，在完成人员调度后，应将事故情况通知政府安监部门（市、区安全生产监督管理局），并要求其派人员到现场协助工作（如下一步的事故调查工作）。

(3) 燃气管道设施漏气的紧急处置

巡线工应迅速关闭漏气管段相关两端阀井；抢修人员携带设备、材料、工具、消防器材、燃气检测设备等，尽快赶赴事故现场。设置安全警示牌，做好警戒、疏散非工作人员离开燃气泄漏现场，消除火种，在室内应开启门窗通风，降低室内燃气浓度，禁止启闭电器开关。

抢修工作应由一人统一指挥，现场抢修人员分工协作、各司其职，尽快拟定抢修方案并予以实施。

(4) 埋地燃气管道漏气的紧急处置

如果是埋地燃气管道漏气，应采取排除聚于地下或有限空间（夹层、窨井、排水沟、化粪池和阀井）和建（构）筑物的燃气后，方可进行作业。用可燃气体检测仪或管道漏点探测仪探测燃气泄漏点，再根据管道敷设资料确定开挖点；对周围建（构）筑物进行检测和监测，当发现燃气已经渗入周围的建（构）筑物内时，应及时消除燃气积聚区内火源。疏散建（构）筑物内人员并清除积聚的燃气；当检测出作业点或其他有限空间内的燃气浓度在爆炸和中毒浓度范围以内时，应采取强制通风以降低空气中燃气的浓度；采用空气压缩机进行送风。压缩机应采取防爆措施，或将压缩机置于燃气泄漏区外，连接送风管到通风地点进行通风。

根据开挖点的地质情况和开挖深度，由现场负责人确定土建施工中的防护措施；如果经检测，无法确定燃气的泄漏点或经抢修后仍无法消除漏气现象，应及时报告公司领导，停止对该区域供气，并作好现场的安全防护工作。由生产技术部拟定对该处管网进行整体改造方案，用书面的形式报告市、区安全生产监督管理部门和建设行政主管部门。

(5) 燃气管道设施漏气的紧急处理

燃气管道设施漏气时应切断气源；如泄漏点已发生燃烧，应先控制火势：用水冷却降温，用干粉灭火器扑灭，再关闭泄漏点前后阀门以切断气源，在此过程中严禁出现负压；打开门窗通风以降低燃气在空气中的浓度，如燃气管道设施放置的空间较大（如燃气调压柜等）时，应开启防爆风机进行加强通风，并马上进行抢修。

安全格言警句

1. 安全第一,预防为主,综合治理。
2. 事故出于麻痹,安全来于警惕。
3. 隐患险于明火,防范胜于救灾,责任重于泰山。
4. 质量是安全基础,安全为生产前提。
5. 安全生产,人人有责;一分责任,十分落实。
6. 千条万条,安全生产第一条;千计万计,安全教育第一计。
7. 隐患猛于虎,发现要清除。
8. 安全管理完善求精,安全事故力争为零。
9. 骄傲自满是事故的导火索,谦虚谨慎是安全的铺路石。
10. 安全是生命的基石,安全是欢乐的阶梯。
11. 安全是生命之本,违章是事故之源。
12. 冒险是事故之友,谨慎为安全之本。
13. 跟着感觉走,事故牵你手;跟着规章走,安全永长久。
14. 安全在于心细,事故出自大意。
15. 库房管理要规范,易燃易爆莫乱放。
16. 无知加大意必危险,防护加警惕保安全。
17. 人人把好安全关,处处设防隐患少。
18. 安全是最大的节约,事故是最大的浪费。
19. 搞生产必须管安全。
20. 高高兴兴上班,平平安安回家。

21. 容忍危险等于作法自毙，谨慎行事才能安然无恙。

22. 浇好安全树，方开幸福花。

23. 居安思危，常备不懈。

24. 企业效益最重要，安全生产第一条。

25. 如果说工作是一本书，那么安全生产就是序言。

26. 安全要讲，事故要防，安不忘危，乐不忘忧。

27. 安全法规血写成，违章害己害亲人。

28. 时时注意安全，处处预防事故。

29. 家中煤气记得关，莫用生命买教训。

30. 质量是企业的生命，安全是职工的生命。

31. 心中时刻有安全，安全永在我身边。

32. 安全生产只有起点，没有终点；只有更好，没有最好。

33. 宁做安全"平凡人"，莫做违章"英雄汉"。

34. 设备隐患是事故的温床。

35. 防火必不放过一点火种，防事故需勿存半点侥幸。

36. 磨刀不误砍柴功，安全教育不放松。

37. 无情于违章惩处，有情于幸福家庭。

38. 安全来自长期警惕，事故源于瞬间麻痹。

39. 抓基础从大处着眼，防隐患从小处入手。

40. 一日安全一日新，天天安全值万金。

41. 安全措施订得细，事故预防有保证。

42. 严格安全检查，避免严重后果。

43. 宝剑锋从磨砺出，安全好从严中来。

44. 安全生产，警钟长鸣。

45. 没有拉不直的绳子，也没有消不除的隐患。

46. 眼睛容不下一粒砂子，安全来不得半点马虎。

47. 绳子总在磨损地方折断，事故常在薄弱环节出现。

48. 你对违章讲人情，事故对你不留情。

49. 班前一杯酒，事故在招手。

50. 专心工作为首要，质量安全皆顾到。

51. 一人把关一处安，众人把关稳如山。

52. 工作尽心，安全放心，回家舒心。

53. 安全来自预防，事故源于麻痹。

54. 安全经验是明灯，事故教训是镜子。

55. 规章制度是前人用鲜血和生命写成，任何人没有必要再用自己的鲜血和生命去论证。

56. 一分钟的疏忽，一辈子的痛苦。

57. 违规一闪念，事故一瞬间。

58. 安全多下及时雨，教育少放马后炮。

59. 宁为安全操碎心，不让事故害员工。

60. 以安全之浆，撑发展之舟。

61. 疏忽一时酿祸害，痛苦一生追悔迟。

62. 互让半步，处处通途。步步小心，平安是金。

63. 业务由勤学为径，工作有安全作舟。

64. 生活幸福来自安全，人生快乐首当平安。

65. 制度严格漏洞少，措施得力安全好。

66. 安全无小事，小事当大事；事事抓落实，确保不出事。

67. 事故不难防，重在守规章。

68. 制度千万条，自律最重要。

69. 规章遵守保平安，情绪低落莫上班；

70. 贪图省力终生憾，侥幸心理酿祸端。

71. 心无交规，路有坎坷。

72. 今天隐患，明日灾难。

73. 防火一松，人财两空。

74. 祸在一时，防在平时。

75. 劳动保护是把伞，职业危害靠它管。

76. 高速公路，行驶适速。

77. 事事落到实处，安全有备无患。

78. 安全投入不可少，安全防范最重要。

79. 与其处理事故忙，不如平日早来防。

80. 冰冻三尺非一日之寒；安全生产非一日之功。